EXPRESSIONS ET HISTOIRES À RIRE

de LORRAINE

W0469643

© Christine Bonneton Éditeur
2, rue du Colombier, ZA Les Vignettes, 63400 Chamalières
www.editions-bonneton.com
EAN : 978-2-86253-652-1

Jean Lanher

EXPRESSIONS ET HISTOIRES À RIRE
de LORRAINE

Christine
Bonneton

INTRODUCTION

Ce livre ressemble à s'y méprendre à cet autre publié en 1982, et que nous avions intitulé *Humour en Lorraine*. Il en diffère cependant. Dans une seconde partie, j'y reprends effectivement de bonnes histoires à rire, ce que nous appelons chez nous *fiauves*, mais j'ai éliminé les plus longues d'entre elles, de manière à mieux faire saisir une tradition encore vivante en Lorraine, celle des fabliaux du Moyen Age qui étaient le plus souvent courts, nerveux, ne se perdait pas dans des dédales inutiles, mais allait droit au but et à la formule finale. Il est vrai cependant que je ne me suis pas résolu à sacrifier sur cet autel les quelques saynètes de G. Chepfer, inimitables et toujours inimitées, celles que tous connaissent encore de Montmédy à La Bresse, de Neufchâteau à la région des Etangs, en passant par Nancy, Metz, Bar-le-Duc et Epinal. Comment ne pas rappeler encore certaines de ces mises en scène des gens de chez nous, des « dames de Saizerais » en particulier, que nos auteurs d'hier avaient admirablement saisies sur le vif. Je persiste à croire et à dire que la littérature populaire, vulgarisée entre les deux guerres mondiales principalement, due à des auteurs connus ou méconnus, et qui était toujours marquée au coin d'un humour de bon aloi, constitue actuellement le meilleur reflet, sans supercherie et sans prisme déformant, d'une civilisation rurale, « vieille comme notre monde occidental chrétien » et à jamais disparue de notre horizon 2000.

Ce qui se trouvait dans *Humour en Lorraine* touchant aux personnages, aux institutions et aux mentalités se retrouve encore ici. A savoir une série de portraits d'un monde particulier, capable de se décrire lui-même tel qu'il était, sans s'en remettre à un autre pour le faire, celui des campagnes, traditionnel par définition, un monde obéissant aux mêmes règles, soumis aux mêmes impératifs de tous ordres, un monde de femmes et d'hommes, vivant de leur vie rude et difficile sans aucun doute, que nous n'accepterions guère aujourd'hui, qui étaient cependant capables de rire et de sourire, de faire rire et de se moquer, façon comme une autre de s'en prendre sans désillusion à son propre destin.

J'ai voulu, dans cette partie, ajouter, une touche personnelle et plus actuelle, en y insérant une série de « bonnes histoires » entendues effectivement, qui se disent encore et qui se colportent toujours avec la même verve, la même malice et le même sourire, pour ne pas dire plus. Des histoires forgées aussi au jour le jour, dictées par l'événement, caractéristiques d'une façon de réagir toujours identique devant les évènements, face aux individus et aux personnes, qui excellent à rendre cette faculté toujours latente de ne pas céder au pire, mais de réagir à toute situation, en s'en tirant par une pirouette. Je disais en 1982 que les textes que je citais m'avaient conduit à cette constatation que « l'humour en Lorraine » existait ; un retour plus fréquent en direction de mes origines rurales, une immersion plus effective dans le monde vrai des gens de toute condition en dehors des sphères très feutrées où ma profession m'avait longtemps maintenu, me conduisent en cet automne 2000 aux mêmes conclusions. Une conversation ici, une rencontre là, une blague à peine dicible ailleurs m'ont tiré bien souvent d'une vision volontiers « grisonnante », voire pessimiste des choses, réflexion assurément infondée. J'ai transcrit ces histoires, sourire retrouvé. Je suis persuadé que mes « liseurs » riront à leur tour. Cela n'est pas sérieux, diront nos doctes personnages. Tant pis ! Laissons-les à leurs puissantes méditations. Soyons ensemble le « parterre » de Molière.
La première partie n'est pas de la même veine. Cependant, à y regarder de près, elle s'y rattache et constitue en quelque sorte la théorisation par le dicton, l'expression proverbiale ou le proverbe d'une « philosophie » de l'existence vulgarisée par les susdites histoires à rire. Là, le général, ici le particulier. Ici, l'expression pointilliste de situations individuelles dans lesquelles se tiennent des personnages, là l'énoncé, par l'image et la métonymie, d'une doctrine, d'une référence moralisatrice qui est en même temps une justification du comportement de l'individu. Les quelque deux cents proverbes et expressions retenus constituent, je crois, une bonne représentation, mise en sentence et en maximes, des Lorrains, saisis à travers toute leur existence, du berceau au tombeau : on comprend mieux leurs attitudes quand on prend conscience des principes qui sont à la source des comportements.

J'ai insisté sur l'importance et l'originalité des rapports homme-femme : amour, mariage, hérédité, filiation parents-enfants et son caractère mystérieux *(Belle chatte, vilain chaton)*, sur les relations entre individus dans leur vie en société : pauvres-riches, le travail et ses lois, bonheur et malheur des groupes sociaux au coude à coude et en confrontation, sur les défauts majeurs : la parole, les péchés capitaux (l'ivresse, forme particulièrement présente de la gourmandise), la bêtise (et ses expressions), sur l'art de vivre « entre soi » *(Qui prête son levain, manque sa fournée de pain, Donne la main de ton cœur, mais garde le bâton tout près...)*, sur la vieillesse enfin, la religion et l'au-delà *(On ne franchit la porte qu'une fois)*. Vision noire par certains côtés d'un monde sans illusion, sagesse « moyenne » , sans grandes échappées vers une vertu salvatrice, mais rachetée (et c'est cela qui frappe le plus l'observateur) par une ironie décapante : c'est ainsi que je l'interprète en tout cas, en ce qui concerne par exemple l'au-delà *(Celui qui porte la hotte en ce monde la portera encore dans l'autre)* et un humour débridé, à travers un choix de vocabulaire particulièrement typé, qui appelle « un chat, un chat », et des tours expressifs qui vont directement à un énoncé clair et sans détour. L'image, la comparaison, issues directement du milieu ambiant, ont une coloration qui fait de ces dictons, sentences, expressions sous toutes les formes, un régal qui force l'attention et l'admiration et une fois de plus le rire. L'admirable de la chose est que ce que nous trouvons ici n'est qu'un condensé et un bien petitmorceau d'éloquence ayant aujourd'hui cours encore chez nous, à une encablure du troisième millénaire. La filiation est nette et claire entre un Moyen Age d'hier et la modernité d'aujourd'hui. Les Lorrains, à leur façon avec leur propre marque participent de cette vision et de cette interprétation humanistes des choses.

Jean Lanher

EXPRESSIONS ET PROVERBES

A

Adroit comme une chaussette à l'envers

Cette expression joue sur les mots : « endroit-envers ».
On dit aussi : *Aussi adroit qu'un cochon qui se sert de sa queue.*

A fréquenter les chiens, on attrape des puces

Forme meusienne (Verdunois) de : « Dis-moi qui tu hantes, je te dirai qui tu es ». Les chiens de ferme qui étaient attachés dans leur niche dormaient sur une litière de paille, qui n'était pas renouvelée et était infestée de vermine. Le chien en était la victime, se grattant quelquefois jusqu'au sang ; le chien et les puces faisaient ainsi bon (ou mauvais) ménage. Ils vivaient ensemble, étroitement dépendants.
En fréquentant les chiens porteurs de puces, vous devenez à votre tour un autre chien, vous êtes réduit au stade de l'animal.
Même sens : *Quand on joue avec les chiens, on se fait mordre,*
En jouant, les chiens mordent...

Aimer comme une écharde au derrière

Ne pas pouvoir se débarrasser d'un gêneur, d'un importun, qui vous « colle au train », comme une écharde enfoncée dans votre épiderme fessier. Les Lorrains sont capables d'ironie et surtout d'humour :
Détester quelqu'un cordialement.

Aimer mieux un pied de lit qu'un pied de table

Préférer dormir plutôt que manger. Ce jeu de mots sur « pied » classe gourmandise ou paresse, deux des sept péchés capitaux. Cette gradation est peu courante dans l'échelle des défauts. Manger et dormir vont plutôt ensemble : on a souvent envie de dormir quand on a bien mangé. Mais préférer dormir plutôt que de se remettre à table, quelle paresse..., ou alors : *Qui dort, dîne* ?

Aller bientôt au robinet

Elle vèrè bintôt à robin... Elle ira bientôt au robinet, celui que l'on met à la bonde du tonneau.

Se dit d'une fille qui se sent « pousser des ailes » (de l'utilisation judicieuse et bien ciblée du patois que l'on retrouve pour la circonstance). L'allusion est claire, et très « imagée », et évoque les pratiques amoureuses « élémentaires ». Un tonneau, bonde ouverte et béante, attend qu'on y introduise l'extrémité du robinet ou « robin ». Une « bâcelle » amoureuse « n'attend que cela ». Elle en rêve... La seule façon de renouveler les générations et de mettre en pratique le *Croissez et multipliez* de la Genèse.

Aller voir blonde

Se disait du garçon qui « fréquentait » une fille en vue du mariage.
Cette expression, bien connue et très présente dans la littérature populaire en Lorraine, à l'exception apparemment du Nord-meusien, désignait plus précisément la période précédant le mariage, ce que l'on pourrait appeler « temps des fiançailles » ou des « accordailles », qui allait du dimanche au cours duquel les parents du futur marié et le garçon lui-même avaient rendu visite aux parents de la jeune fille pour présenter officiellement leur demande en mariage, jusqu'à la célébration du mariage.
Durant tout ce temps, le garçon était autorisé à « aller voir blonde » ; on disait de lui « il va voir blonde ».
A partir de cet accord entre parents, et seulement à partir de ce moment-là, le garçon pouvait très officiellement « fréquenter » chez ses futurs beaux-parents, en tout bien tout honneur ; les deux futurs mariés pouvaient officiellement se produire en public, aller à la messe ensemble, être invités ensemble aux cérémonies familiales communes. Somme toute, cela constituait une sorte de période probatoire au cours de laquelle les deux futurs époux apprenaient à se connaître réciproquement, ainsi que leurs familles, sous les yeux des gens du village, transformés en témoins, garants de toutes les qualités requises pour
la constitution stable d'une union qui engageait pour toujours.
Je cite ici trois références, parmi beaucoup d'autres prises dans un ensemble très riche : Léon Zéliqzon l'auteur bien connu du *Dictionnaire des patois romans de la Moselle*, p. 70 (« Il s'en va voir sa fiancée »), Louis Lavigne, *Le Patois de Cumières et du Verdunois*, p. 155 (« Fréquenter une jeune fille pour le mariage »), *Les Contes de Fraimbois*, n° 66, « Le Télégraphe (I) » (Un garçon faisant son service aux Dragons à Lunéville, écrit à sa mère ceci, en conclusion de sa lettre « Tu me diras aussi si le Minique [Dominique] va bientôt se marier, voilà déjà longtemps qu'il va voir blonde »). Le garçon qui pouvait, avant cette période prénuptiale, « courir », généralement les filles (au pluriel), ne peut plus désormais qu'« aller voir blonde » (au grand singulier).

A mère fainéante, fille travailleuse

Vous n'êtes pas toujours assuré de votre descendance. Ni dans un sens, ni dans l'autre. L'inverse peut être vrai.
Voir : *Belle chatte, vilain chaton*.

A notre âge on ferme la braguette, et on ouvre sa cave

Il y a un temps pour tout : quand on est vieux (à quel âge !) faire l'amour n'est plus de saison. *Ça te passera avant que cela me reprenne*. Alors changeons de plaisir. Buvons, buvons ensemble... une bonne bouteille nous consolera de ne plus vous adonner au plaisir de l'amour. Une façon comme une autre de noyer votre chagrin.

A porc repu, les prunes sont aigres

Les riches ne savent pas apprécier les services des autres. Un pauvre fait le cadeau qu'il peut. Une prune, en Lorraine, n'est pas grand-chose ; cependant pour celui qui n'a rien, une pauvre « mirabelle » donnée de bon cœur est un beau cadeau. Le riche, à qui on l'offre, repu de bonnes choses, fait la « fine gueule ». Habitué à la délicatesse de la table, il n'a que mépris pour un don « minable » à ses yeux.

Après le mariage, il y a de belles nuitées, mais aussi de laides journées

Les plaisirs de l'amour durent peu.
Les nuits d'amour qui suivent le mariage s'estompent vite devant les jours de travail, de souci, qui sont le lot quotidien de l'homme et de la femme

qui se sont mariés « pour le meilleur et pour le pire ». Et puis, il y a cet autre proverbe : *Trois fois, ça passe l'envie.*

Aux pauvres la besace

Vision très noire des choses : les riches sont toujours un peu plus riches, les pauvres un peu plus pauvres et miséreux. La besace au dos reste la meilleure représentation du chemineau, mendiant sa subsistance de maison en maison, ou le long des chemins. La charité et l'altruisme sont biffés d'un monde sans pitié où les clivages sont définitifs.

Avant le mariage, ce sont des chevaux de devant, après, ce ne sont plus que des haridelles

Tout beau, tout nouveau. Nous sommes, en Lorraine, dans une terre traditionnelle d'attelages avec chevaux. Le cheval qui mène le chariot et dirige les autres (trois ou quatre), est dit « cheval de devant » ou « cheval de cordeau ». C'est le meilleur. Les années venant, il se fatigue et devient une rosse qu'il faudra bien vite remplacer. La femme est la première attelée au chariot familial à venir. Elle a toutes les qualités avant (on les lui prête du moins). Vient vite le temps où le « maître » ne voit plus que ses défauts. Amour quand tu nous quittes...

Avoir de l'esprit tout autour de la tête

Avoir de l'esprit tout autour de la tête

...mais rien dedans. Autre image aussi évocatrice : *Il a deux oreilles, mais rien au milieu.* L'intelligence est ailleurs, partout autour de lui, mais il échappe à cette bonne répartition de l'intelligence.

Avoir des bottines à bascule

Celui qui est ivre titube. On ne retient ici que le support de l'individu. Quand les bases d'une statue sont fragilisées, l'effondrement est garanti. Les bottines, chaussures fines du dimanche, en bascule, annoncent la chute dans le vide.

Avoir la gale aux dents

Avoir bon appétit. La gale, « maladie cutanée caractérisée par de petites vésicules », pourrait être un obstacle, pour celui qui en serait atteint, à l'absorption de toute nourriture qui passe d'abord par la bouche, donc les dents. Ici, rien ne s'oppose à l'appétit et au plaisir de manger. Avoir bon appétit, certes, mais aussi manger de bon cœur, faire marcher ses mandibules avec délectation.
Voir *Ne pas avoir la gale aux dents*.

Avoir la gueule devant les dents

Façon très imagée de reprendre le conseil du sage Salomon qui disait à juste titre : *Qui sage homme sera, ja(mais) trop ne parlera*. Ce proverbe signalé dans le Verdunois dénonce le défaut du bavard impénitent qui « parle sans y être invité, et qui divulgue ainsi un secret ».

Avoir la pièce pour boucher le trou

Avoir réponse à tout. *Trop parler nuit* : les proverbes, en Lorraine, où l'on pense plus que l'on ne dit, dénoncent à l'envi le bavard, celui qui cause de tout et de rien, en toute circonstance, qui est capable de donner son point de vue sur tout, même quand il n'est pas invité à le donner. Avec lui, pas de trou dans la conversation, pas de « blanc » dans le discours. Pas de « trou » dans la «-chaussée » langagière.

Avoir la râyotte du cul qui fait chânette

Transpirer. Cette expression a été dite par une « séante dame » à l'auteur un dimanche de communion, alors qu'il faisait étouffant et que l'office de vêpres n'en finissait pas.
Il fait souvent très chaud en Lorraine, dès qu'arrive le « chaud temps ». La chaleur est d'autant mieux perçue dans ses manifestations sudatoires qu'on n'y est pas habitué. La seconde nature des Lorrains est plutôt la pluie que les chenaux [*chânette*, *chânatte*] des toits canalisent horizontalement et verticalement. La raie du cul, il fallait y penser, et on y a pensé, ici en pleines vêpres, évoque d'une manière inimitable le collecteur obligé de la sueur qui vous coule le long de l'échine.
Variante : *J'ai tellement chaud que j'ai la sueur qui me coule dans la râyotte du cul.*

Avoir le cul derrière

Avoir le cul derrière

Faites comme vous voulez, vous ne pourrez pas changer la nature des choses. Tournez-vous à droite, à gauche, votre postérieur sera toujours placé derrière. En latin, *posterior* signifie « qui est après », jamais devant.

Avoir le gosier à sec

Avoir envie de boire en permanence. Autre expression imagée pour rendre l'inextinguible soif de l'ivrogne. Le gosier, voie de transit obligatoire, chez lui, appelle inévitablement un liquide humidificateur. La sécheresse en Lorraine est une situation contre-nature. La pluie en est le meilleur antidote. 1976 et sa sécheresse du siècle n'a pas fini d'alimenter les conversations.

Avoir le nez comme une fraise

Une fraise, une belle fraise, celle de Woippy, célèbre à Metz et en Moselle, se doit d'être « belle et rouge ». Un nez « rubicond » ne signifie rien pour nous, mais « une fraise », une vraie fraise... quel référent ! George Chepfer disait (*Un encan à Saizerais*) : « Ce n'est pas en suçant de la glace qu'on ramasse un arc-en-ciel comme ça au milieu de la figure ».

Avoir les jambes en tonneau

Avoir les jambes arquées. L'évocation avant tout, il faut faire voir. Imaginez que vous ayez passé votre enfance, âge malléable, à cheval sur un tonneau, vos jambes épousant la forme dudit tonneau ont pris la forme de cercles, les cercles du tonneau. Sans autre commentaire. Il y a mieux. Imaginez la scène : une femme (ayant les jambes arquées) accroupie en train de... se soulager : *Elle pisse entre parenthèses* (Authentique).

Avoir mal à la main qui donne

Être avare. La main est nécessairement et obligatoirement le véhicule du don que vous faites. Vous pouvez avoir la main généreuse, donner sans arrière-pensée, de bon cœur. Mais vous pouvez aussi donner à regret, retenir en quelque sorte votre main. Elle peut vous faire mal aussi, parce que donner vous fait mal. La meilleure définition de l'avarice.

Avoir plus d'appétit que de vertu

Être très gourmand. La vertu « n'arrive » pas à tout le monde. Manger est une fonction primaire, nécessaire, indispensable. Les bons et les mauvais mangent. Une priorité s'impose. *Primum vivere,* après on verra bien. La « vertu »... peut attendre.

Avoir toujours une gaille [chèvre] à relier/à rattacher

Refuser de rendre service sous le prétexte d'avoir toujours quelque chose à faire de plus urgent. « Rattacher » une chèvre, opération somme toute futile, peut attendre. Il y a, à certains moments, des choses qui, elles, « n'attendent pas ». Ici, se soustraire à une action prioritaire, comme rendre service à quelqu'un, en alléguant un faux prétexte.

Avoir un bon entonnoir

Désigne à nouveau l'ivrogne invétéré dont la bouche est un véritable entonnoir, l'instrument dont on se sert pour remplir un tonneau. Un tonneau vide par définition, et qui ne demande qu'à être rempli.

Avoir un estomac à digérer des écailles de cloche

Avoir un appétit (en amont) en accord (en aval) avec un estomac capable de tout absorber, de tout digérer, y compris des morceaux de bronze. Peut désigner aussi celui qui est capable de tout endurer, de tout supporter *D'avaler toutes les couleuvres.*

Avoir un gosier comme une guêtre ; il avalerait une jambe

Encore une expression pour rendre par l'image la soif de celui qui a toujours soif. Une « guêtre » ne peut que contenir une « jambe », mieux « l'absorber », la faire disparaître. A un gosier qui a soif, tout est bon.

Avoir un grain de sel dans la gorge qui n'est pas fondu

Pour faire fondre du sel, il faut un liquide immanquablement. Tout se passe pour celui qui a toujours soif, comme si un grain de sel se trouvait en permanence coincé dans son gosier. D'où la nécessité de le faire fondre et donc de boire.

Avoir un nez à pomper de la merde

Une expression moins « éthérée » que celles employées par Cyrano. La « merde » est un mot qui n'effraie pas le locuteur lorrain. Le nez est tellement gros qu'il se révèlerait capable d'absorber même des excréments, qui ne « sentent pas la rose », c'est vrai. Pourrait désigner à la rigueur, par métonymie, celui qui n'est pas très « regardant sur les moyens ».

Baiser le cul d'une cane

L'expression complète serait exactement : *Je te mettrai si bas, si bas sous terre qu'il te faudra une échelle pour baiser le cul d'une cane*. Elle désigne ainsi le dernier stade de l'humiliation suprême imposée à quelqu'un.

Beau diseur, menteur

La parole, pour les Lorrains peu bavards, est souvent synonyme de mensonge.

Belle chatte, vilain chaton

On n'est jamais sûr de rien. Du beau peut sortir le laid, du laid le beau. Mystère de la nature ! Le proverbe : *Tel père, tel fils* ou *Telle mère, telle fille* est démenti à tout instant. *Un bon pommier donne de bonnes pommes*, mais *Les vilains pots font de belles écailles*.
Seul le Bon Dieu s'y retrouverait.
Variante : *Les vilaines chattes font des beaux chatons*.

Belle nuit, belle femme dure peu

Bien fou serait celui qui croirait que la « roue de la fortune » qui l'a hissé tout en haut aujourd'hui ne le fera pas descendre demain au plus bas. C'est la même chose pour la beauté. Rien n'est moins sûr qu'une belle nuit ; une belle femme n'a pas plus de chance de durer. C'est aussi et surtout une leçon de sagesse : *Quam minimum credula postero*, crois le moins possible au lendemain. Ne sois pas naïf. Profite de ce que tu as pendant qu'il en est temps.

Bête à manger du foin

Seules les bêtes, animaux domestiques (bovidés, chevaux) mangent du foin, celui que l'on a entassé dans la grange, ou grenier, à la fenaison. On dit de celui qui n'« est pas très malin » que bête parmi les bêtes, il mériterait, pour toute nourriture, de ne manger que du foin.
« L'Hector est mort l'aute semaine...
Comme il etait conscrit avé l'Arsène, nous avons été le veiller tous les deux.
Chaque fois, j'en reviens malade, ainsi ; il n'y a point de bon sens.
Les hommes restent dans la cuisine et j'te jacasse, j'te jacasse.
I en a pourtant qui rigolent, Dieu me pardonne, comme si à côté d'un mort, on n'devrait pas être un peu pus réservé. Y avait l'grand Louis de l'Angèle qui racontait toutes les "furdaines" [fredaines] de l'Hector ; fallait l'entendre, le sacripant. Et la pauv' Hortense se r'muait su sa chaise. Ça devrait être défendu et les hommes n'ont quand même point de retenue. C'est vrai que l'grand Louis est bête à manger du foin. » (*La Mélanie de Commercy*).

Boire les cercles et le tonneau

Boire avec excès. Boire le contenu et le contenant, encore... comme *Boire la mer et les poissons*. Encore une image pour caractériser le « soiffard ». La mer c'est du liquide, c'est déjà beaucoup, mais en plus les poissons, quelle descente ! Le besoin de boire rend fou.

Celui qui est marié n'est pas sauvé

Le mariage n'est pas une fin. Il n'est que le début d'une longue période de vie à deux semée d'épreuves. Il n'est pas perdu pour autant. Cette maxime rappelle à ceux qui l'avaient oublié que dans la vie, mariage compris, rien n'est jamais acquis ni gagné une fois pour toutes.

Celui qui porte la hotte en ce mondela portera encore dans l'autre/Celui qui roule la brouette dans ce monde la roulera aussi dans l'autre

Rude étouffoir d'espoir et d'espérance que ces deux proverbes qui s'inscrivent en faux contre la doctrine même de l'Église et de la tradition chrétienne qui prédisent qu'une fois cette vallée de larmes quittée, le bonheur et la joie sans partage vous attendent dans l'autre vie, la vraie, l'Au-delà, le domaine des Elus.

Tout le contraire de l'une des *Béatitudes* qui annonce à tous les malheureux ici-bas l'extase et la quiétude dans l'autre. Le malheureux ici-bas sera encore malheureux dans l'autre ; il ne troquera ni sa hotte qui lui scie les épaules ni sa brouette qui lui arrache les bras contre le repos garanti.

Il partira de l'autre côté avec ses « outils ».

Malheureux ici, méprisé ici, il le sera encore, et toujours, là-haut.

Le pauvre ainsi traité n'a même plus l'espérance. Rien, il ne lui reste rien.

A quoi a servi la Rédemption ?

Ce sont les vieux boucs qui ont les cornes les plus dures

« Il est vieux, il est inoffensif », croit-on. Méfiez-vous, les veilles personnes, par suite de leur expérience et de leur rouerie façonnée par le temps peuvent vous réserver de rudes coups, aussi violents que ceux que pourraient vous asséner les cornes endurcies des vieux boucs.

C'est rien de souffrir quand on n'a pas mal

Il y a ceux qui se plaignent toujours, même quand ils prétendent souffrir, mais ont-ils mal ? La distinction est subtile entre les deux choses.
On peut avoir mal, vraiment mal, et dans ce cas-là, souffrir vraiment. En face, celui qui se plaint a tort. Pour celui qui a mal, celui-ci est un menteur ou un malade imaginaire.

Ceux qui n'ont pas de bas n'ont pas besoin de jarretières

Inutile d'offrir à quelqu'un le « superflu » quand il n'a même pas le nécessaire. Pourquoi acheter un pinceau et de la peinture, à mettre sur les cloisons intérieures et les huisseries, quand il n'y a pas de maison-? Pourquoi offrir des chasse-neige à des populations tropicales qui ne connaissent pas la neige ? Pourquoi offrir des brosses à dents à ceux qui n'ont plus de dents ? La conclusion s'impose d'elle-même.

Changer son couteau contre une lame

Se faire avoir, faire une mauvaise affaire, *quitter un cheval borgne pour un aveugle, lâcher la proie pour l'ombre*. Les Lorrains aiment ce qui est concret. Un couteau, toujours utile, aux emplois multiples, ne se troque pas contre une méchante lame qui ne sert à rien. Ou alors vous êtes « bête à manger du foin ».

Chaque cocotte a son couvercle

Chaque cocotte a son couvercle

« Elle était peute [laide], et pourtant elle s'a mariée ». Il n'est pas si laide femme qui ne trouve preneur. Toute femme, si repoussante soit-elle, sait faire valoir des trésors cachés, des appâts qui sont autant de pièges et de miroirs aux alouettes. L'homme, toujours amoureux, finit toujours par succomber. Et c'est lui qui est englué.

Chargé d'argent comme un crapaud de plumes

Il est pauvre, pas plus pourvu en argent qu'un crapaud de plumes, *plus fauché que les blés*, ce qui n'est pas peu.

Chargé sur un côté

Il est ivre, et s'en va penché, titubant comme sous un poids trop lourd à porter. Une image qui s'ajoute à d'autres, déjà bien nombreuses, pour saisir dans sa démarche hasardeuse celui qui a trop bu.

Chez le gendre, le pain est tendre, chez la bru, le couteau est (sus)pendu

Clivage horrible que celui que la tradition pérennise entre gendre et bru : les beaux-parents sont les bienvenus chez le mari de la fille, mal accueillis, voire repoussés chez la femme du fils. Ce qui serait la démonstration apportée une fois de plus au dicton qui dit que *Ce que femme veut, Dieu le veut*.

Ciel pommelé, pomme ridée, femme fardée ne sont pas pour durer

La beauté est passagère chez la femme à l'instar de ce qui se passe dans le ciel où en un instant le plus beau bleu azuré cède la place aux alto-cumulus, annonciateurs de pluie, ou pour la pomme qui perd sa peau lisse et colorée pour devenir toute ridée, ce que les Lorrains du centre qualifient du terme suggestif « crâpi(e) », plissé(e) comme une crêpe.

Conduis ton fumier tout près, marie tes filles bien loin

Depuis les dispositions administratives des années 1950 interdisant les tas de fumiers devant les maisons sur les « usoirs », les cultivateurs lorrains ne « conduisent plus leur fumier tout près ». Avant cela, le fumier « tout près », même s'il sentait mauvais était une richesse que l'on avait sous la main. Faut-il comparer le mariage de sa fille à un fumier potentiel avec tout ce que cela comporte ? Un ménage est inévitablement source d'ennuis et de disputes. Autant ne pas y être mêlé. Qui ne voit rien ne sait rien, et ne... sent rien.

Cracher au cul d'une chèvre

Faire quelque chose sans illusion. L'expression entière est : *C'est comme cracher au cul d'une chèvre ; si ça ne lui fait pas de bien, ça ne va pas non plus lui faire de mal*. Dans une bonne partie du domaine lorrain, au nord et à l'est, l'expression exacte est *au cul d'une gaille* et désigne bien sûr le même animal, « la vache du pauvre ». Agir ainsi, c'est vraiment agir pour rien. Un geste sans importance qui aurait très bien pu ne pas être fait, mais qui est la preuve tangible que l'on a agi, ce qui était « essentiel ».

Dans les vilains moules, les belles cuillers

L'hérédité ne garantit pas une reproduction à l'identique. Mystère de la nature et de la génétique ! Rude leçon aussi. Du bien peut surgir le mal, du mauvais le bon, ou en tout cas le moins mauvais. C'est aussi une association contre-nature : le vilain, le *peut* en Lorraine, se trouve lié ou joint par le hasard à ce qui est beau. Se dit aussi d'un mariage qui constitue une mésalliance.

Défourner par le cul [du four]

Avoir des enfants dont les plus jeunes se sont mariés les premiers. Les boulangers connaissent bien cette technique qui consiste à tirer d'abord du four les pains qui ont effectivement été introduits les premiers, et qui se trouvent au fond. Lorsque les parents font le mariage de leurs enfants, ils prennent bien soin de marier d'abord les aînés avant les cadets et les plus jeunes. Agir de façon inverse est un grave contresens. « Tu te marieras, dit-on à une fille plus jeune que l'aînée, quand ta sœur sera mariée. Elle avant toi ». Vrai aussi bien sûr pour les garçons.

Dire autant de « Bon Dieu » qu'un évêque en bénirait

Un évêque ne peut-il bénir autant qu'il veut ?
Faire un geste automatique, à répétition, sans grand effort.
S'applique ainsi à celui qui profère des litanies de jurons.

Donne la main de ton cœur, mais garde le bâton tout près

Une incitation à ne pas être naïf. Une fois encore, ce proverbe est une leçon terrible par son enseignement qui en dit long sur la méchanceté de l'homme. Faire du bien à autrui, oui, mais sans jamais oublier de garder en réserve le bâton, car l'homme étant ce qu'il est pour l'homme, un loup, une bonté naïve est un leurre. Bonté sans fermeté ne peut déboucher que sur le malheur pour celui qui donne.

Douze métiers, treize misères

Douze métiers, treize misères

Tout métier connaît ses avantages... et ses inconvénients. Les seconds sont plus nombreux que les premiers. Au « challenge » des métiers, la misère mène toujours d'un point.

Écorcher un pou pour en avoir la peau

Faire preuve de pingrerie. L'avarice est considérée comme l'un des plus grands péchés dans la liste dressée par le catéchisme. Tout le contraire de la charité, la vertu par excellence. L'avarice frôle quelquefois l'économie. Où s'arrête l'une, où commence l'autre ?
Mais ici, on a atteint le plus profond des abysses, et sans doute le dernier degré dans la perfection de la recherche à amasser toujours davantage. Écorcher un pou ! Qui dit mieux !

En avoir plein la hotte

La hotte était le « véhicule » le plus commun. Celle ou celui qui n'avait ni attelage ni brouette, portait tout dans la hotte dont les bretelles lui sciaient douloureusement les épaules.
La hotte faisait partie en quelque sorte de l'individu. Ici, l'expression signifie en *avoir plein le dos*, en avoir assez, être saturé de tout, ne plus pouvoir en supporter davantage. On trouve aussi *En avoir plein le cul*.

En enfer il n'y a que des meuniers et des curés

L'expression exacte appelle une suite qui est l'explication du dicton cité ici : *Pourquoi ? Parce que tous les meuniers sont des voleurs et les curés des menteurs*. On ne fait pas ici dans la nuance. Le meunier est à la source de l'alimentation : il moud le blé, mais il « triche » et gagne sur la farine. Le curé « moud » des paroles, qui sont, selon lui « paroles de vérité ». Croit-il à ce qu'il enseigne ? « Mensonges » ici, « vol » là... L'emploi de l'indéfini « tous » ajoute encore à ce jugement sans appel.

En se mariant, on perd ou on gagne

Autrement dit, le mariage est une loterie, donc une sorte de jeu de société. C'est le mariage qui « place » les gens ; c'est le mariage qui « sacre » la femme. Le mariage est au centre de la société.
Et cependant il apparaît aussi fragile et aussi aléatoire dans ses effets que le jeu... de dés. Comment tout risquer sur un coup de dés ?
C'est cependant ce qui se pratique le plus communément.
Et qui peut réussir ? Le jeu, vous dis-je...

Entendre péter les anges

Être bien près de la mort. Les anges font partie de la tradition chrétienne. Des êtres immatériels, et cependant bien représentés par l'iconographie. De là à leur prêter les aspects de la nature humaine, il n'y a qu'un pas. Ici, celui qui va mourir est encore vivant, mais le voici déjà si près des anges qu'il entend et perçoit les manifestations les plus intimes. Presque « ange » ou démon, encore « homme » mais si peu...

Être à Dieu et à soi

Être à soi tout seul. Une façon très imagée quoique brévissime, pour indiquer que tout se joue entre Dieu et soi. Pas d'intermédiaire entre Dieu et soi. Entre l'un et l'autre, personne. Des comptes à rendre à personne. Être en quelque sorte Dieu soi-même ! Un Dieu ainsi ramené à soi.

Être à ses noces

Faire sa besogne soi-même. L'expression exacte est : *Il est bon de toujours être à ses noces*. On peut se marier par procuration, certes, mais personne ne peut s'en remettre à un tiers pour qu'il y ait « consommation ». Personne ne peut faire la chose à votre place.
« Je suis seul à pouvoir faire ce que je fais. »

Être comme cochons à l'auge

Être intimes comme deux porcs liés par la fonction la plus élémentaire, trouvée dans la même auge, ce qui pourrait s'appeler ailleurs « assiette ». Autre façon de dire *Qui se ressemble s'assemble*. Ici l'auge, où l'on trouve sa nourriture, est partagée avec son « commensal ». Cet autre est lui aussi un cochon. Au sens métonymique que l'on voudra.

Être comme la Vierge de Beaumont

« Les filles te vous ont des airs délurés, faut voir, avec leurs cheveux coupés, leurs petites cottes qui ne leur-z'y vont pas seulement jusqu'aux genoux. Et pi y en a pas seulement une pou avoir gros comme un nez de poitrine. Dans mon jeune temps, on disait d'une qui était plate comme une planche à repasser : "Elle est comme la Vierge de Beaumont, elle n'a ni fesses ni... menton". Maintenant elles sont toutes pareilles ». (*La Mélanie de Commercy)*. Le dicton n'a pas osé dire, par pudeur, car il y a des choses qui ne se disent pas « telle n'a ni fesses ni... téton ».
Variante : *Elle est plus plate que la Vierge de Sion* (Meurthe-et-Moselle).

Être comme le tambour de Bourgogne

Il fait plus de bruit que de besogne. Allusion à la défaite de Charles le Téméraire sous les murs de Nancy en 1477 ?
Le tambour qui entraîne au combat ne fait pas forcément la victoire. Ici, besoin évident d'assonance Bourg(ogne), bes(ogne).
Autre dicton : *Il a plus de gueule que d'effet*. Le bruit est une chose, la réalité une autre chose. Le contraire des Lorrains.

Être déjà d'l'âge

Être vieux.
Le glas retentit. Une vieille femme, quatre-vingt-deux ans, entend la sonnerie. S'adressant à sa voisine :
« - Qui qu'c'est qu'est mort ?
- C'est la Lucie du Victor.
- Quel âge qu'elle avait ?
- Soixante-cinq ans.
- Oh ! ben, c'est déjà d'l'âge. Elle pouvait mourir ».

N'est vieux que l'autre. Moi, je suis toujours jeune. Le malheur est que chacun en dit autant..., ou du peu d'importance accordée à la vie de l'autre, donc à sa mort.

Être gai comme un moine en fredaines

Les moines au teint rose et aux joues rebondies font partie de toute une tradition folklorique bien établie. Les moines gras par définition sont considérés plus comme des hommes de bonne chère que de prières et de macérations corporelles.
Quand on a « bien mangé et bien bu », comment ne pas évoquer le symbole même de celui qui étant dans les dispositions susdites

y ajoute des écarts de conduite résultats de la chose ? Bonne chère et péché de la chair, être gai, gai, gai...

Être le cul dans la haie

Obtenir des résultats contraires à ceux que l'on avait prévus. Autre expression : *T'y voilà, maintenant, le cul dans la haie*. La haie pique... et c'est là que vous échouez, victime d'une tentative malheureuse. « Vous voilà dans une belle situation... » dit-on ironiquement, bien sûr, avec un sentiment teinté de joie maligne.

Être mignon comme un veau qui tète deux vaches

Se dit en parlant d'un bébé bien potelé. Heureux et mignon, le veau qui a une mère à téter. Que dire de celui qui en a deux ? Il a, cet heureux animal, tout pour être « beau et charmant, gracieux et joli ». Comme quoi, un bonheur déjà suffisant en soi peut en attirer un second. La comparaison bébé-veau est sans doute évocatrice à souhait, est-elle flatteuse pour autant ? Un veau, même mignon, reste un veau.

Être toujours là pour dire amen

Se dit d'une personne qui n'a rien à dire, qui ne propose rien, et se contente d'approuver la décision prise par les autres. Ce qui n'apporte rien de constructif à l'affaire.

Faire cuire sa marmite

S'occuper de ses propres affaires dans l'expression *Que chacun fasse cuire sa marmite*. Que chacun s'occupe de ses propres affaires, dans lesquelles il est compétent, et tout ira bien.
Même sens : *A chacun son métier, les vaches seront bien gardées*.

Faire la fête avant la dédicace

Mettre la Quasimodo avant Pâques/avant la Pentecôte, Faire Pâques avant les Rameaux ont la même signification.
« L'œuvre de chair ne désireras qu'en mariage seulement ».
La loi de l'Eglise est là, par référence au calendrier liturgique, pour rappeler que si Dieu dans la *Genèse* dit aux hommes « Croissez et multipliez », on ne saurait procréer avant d'être marié. Les fêtes se suivent selon un ordre rigoureux, où il n'est pas permis d'intervertir l'ordre. Ici, on ne peut célébrer une fête dans une église si la dédicace n'en a pas été faite.

Fais du bien à un vilain, il te chie dans la main

Un vilain, un rustre, un goujat ne peut pas répondre à un geste de charité, de bonté ou de bienfaisance à son égard autrement que par ce dont il est uniquement capable, c'est-à-dire un acte de vilenie.

« Alors, abstiens-toi de lui faire du bien ». Réponse toute prête à l'égoïsme trop souvent naturel qui est en même temps un bon moyen d'avoir bonne conscience et de se justifier vis-à-vis de l'opinion des autres.

Faut pas compter sur les souliers d'un mort

Celui dont on guette l'héritage, dont on attend la mort, peut vous réserver bien des surprises. Il est préférable de compter sur ses propres efforts, pour réussir, plutôt que d'attendre la mort de celui en qui l'on voit un heureux donateur. Vous pourriez mourir avant lui, ses « souliers » peuvent aller à un autre. Les enfants de Lorraine « tendaient » leurs souliers le 5 décembre, veille de la Saint-Nicolas. Ils les retrouvaient le matin du 6 remplis de friandises. L'allusion à cette fête éminemment lorraine et à cette tradition semble claire.

Faute de parler, on meurt sans confession

Si on ne demande rien, on n'a rien. Mieux vaut se taire que trop parler, mais la parole dite à bon escient et au bon moment peut vous valoir le ciel. « Sans confession », le laisser-passer fatidique, vous risquez la damnation.

Fier comme un bord de pot de chambre

Chacun, devant cette comparaison hardie, se rappellera que celui qui aurait une tendance certaine à l'orgueil n'a pas de quoi pavoiser, il ressemble trop à l'ange qui voulait se faire l'égal de Dieu... Belle leçon d'humilité !

Fort comme une poutre, paresseux comme un chien

Une poutre, de chêne en Lorraine, défie les années. C'est le symbole de la force. Il est de bons chiens, mais il en est de mauvais préférant la niche et la paille au service rendu et à rendre à leur maître. Celui qui est fort devient d'autant plus semblable à un chien paresseux qu'il est plus robuste. Malheureusement, suggère ce proverbe, une qualité n'entraîne pas forcément l'autre. Au contraire, il arrive que la force chez tel ou tel est une sorte de justification à ne rien faire ; un bel objet utilisé risque en effet de s'abîmer.

Gendre et bru, c'est bien d'autrui

L'un et l'autre restent des « étrangers » au couple des parents, que l'on refuse ainsi d'intégrer. Un bien qui ne vous appartient pas, voire, qui vous a pris votre propre bien.
Voir : *Chez le gendre, la main est tendre-; chez la bru le couteau est suspendu*.

Gentille poulette, maligne couveuse

Le mariage réserve bien des surprises. Telle fille, non encore mariée, « poulette », c'est-à-dire non encore « poule » ou mère, est gentille et souriante, qui devient une fois « couveuse », mère poule, une mère possessive, voire hargneuse, dès qu'il s'agit de tout ce qui touche à ses petits.

Goutte par goutte, le tonneau se vide

Rejoint le proverbe *Tant va la cruche à l'eau qu'à la fin où elle se casse*. Un rien est un rien, pas grand-chose, mais un rien ajouté à un rien finissent par faire beaucoup. C'est vrai surtout au point de vue de l'éthique : insensiblement, de mauvaises habitudes se prennent qui peuvent conduire à la plus grave des catastrophes.

Gras comme un fabricant d'huile

Les moulins à huile étaient nombreux en Lorraine. Et l'on savait combien les meuniers, souvent les mêmes que ceux que l'on vouait à l'enfer, comme les curés, pouvaient « s'engraisser » sur le dos de leurs clients. Ici, gras est utilisé à tout point de vue : le contact avec les produits « gras » vous font de toute façon « gras ».

Il en a plus de volé que de gagné honnêtement

Pour la plupart des gens, la vue de celui qui s'est enrichi suggère immédiatement l'idée qu'il est arrivé à accumuler du bien plus malhonnêtement qu'honnêtement. Tout simplement, sans nuance, richesse égale vol.

Il est bien temps de serrer les fesses quand on a fait dans son caleçon/dans les draps

Il est des gestes irrémédiables. Trop tard, c'est trop tard. Il arrive un moment où le regret ne sert à rien. L'expression la plus courante est beaucoup plus brutale : *Il est trop tard de serrer les fesses quand on a chié dans son froc*. C'est avant d'agir qu'il faut réfléchir aux conséquences de ses actes.

Il est comme l'escargot, il a tout sur son dos

Il est nu comme un ver. Il n'a pour tout bien que sa seule personne. Se dit surtout d'un garçon qui va se marier, et qui n'a rien d'autre à offrir que ses bras, ce qui n'est déjà pas si mal.

Il faut se marier pour être critiqué et mourir pour être louangé

Il ne faut rien attendre de personne, pas davantage quand vous vous mariez, surtout à cette occasion-là, qui est la pierre de touche de l'existence. A peine êtes-vous « refroidi » que vous êtes porté aux nues. « Quelle brave femme c'était ! Quel bon type c'était !... ».

Il ne faut pas se déshabiller avant d'aller au lit

Il y a un temps pour tout. Avant, ce n'est pas le moment, après « ce n'est plus temps ». *Toute chose en son temps*. Sinon, et c'est ce qui est dit ici, quand la chambre à coucher n'est pas chauffée, vous risquez de prendre mal.

Il n'est point de si petite écuelle qui n'ait son couvercle

Ce proverbe a maintes variations : *Il n'est point de si petit pot qui n'ait son couvercle ; Il n'est point de vilain pot qui n'ait son couvercle ; Il n'y a point de si petite écuelle qui n'ait son couvercle ; Chaque cocotte* (casserole en fonte à trois pieds et avec une queue pour faire cuire les aliments au feu à l'âtre) *a son couvercle ; Chaque casserole a son couvercle ; Il n'y a point de si vieux tupin* (récipient) *qui ne trouve son couvercle.* Petite ou grande, vilaine ou belle, mal faite ou Vénus, toute femme trouve à se marier. C'est un hymne à la séduction de la femme, jeune ou vieille.

Il n'y a si beau deuil que sur la fosse

Il n'y a si beau deuil que sur la fosse

Loin des yeux, loin du cœur. Après l'enterrement, le mort est vite oublié. Rapidement, la vie reprend ses droits. *Un œil qui pleure, un œil qui rit*. Décidément, rien ne résiste à une analyse du cœur de la femme ou de l'homme, inconstant en toute situation, même la plus tragique.

Il perdrait bien son cul s'il n'était pas attaché

Il oublie tout. Même dicton : *Si son cul n'était pas attaché, il y a bien longtemps qu'il l'aurait perdu*.
Cette partie de l'individu est bien au centre de toute la « gestuelle » de l'homme.

Il vaut mieux courir après son cheval que de le relever par la queue

On ne doit pas se marier avec une femme plus âgée que soi. Autre forme de l'idée première que la femme est au service de l'homme, non le contraire. Autre exemple, s'il en était besoin, de l'égoïsme et du « machisme » de l'homme. Est-ce toujours vrai ?

Il y a autant de bonnes belles-mères qu'il y a d'oies rouges

Il n'y a pas de bonne belle-mère, les choses sont claires. Le verdict est sans appel. Cette idée est solidement ancrée au plus profond des esprits. Il y a pire en ce domaine, où l'on atteint des sommets que la bienséance interdit de mentionner. Que l'on m'autorise à être discret...

Ivre comme une grive… qui a mangé les raisins des vignes

Une des multiples expressions qui rendent compte de l'ivresse et de ses manifestations.

Jamais bon coq n'a été gras

Ce qui signifie qu'il y a, dans la tradition populaire, incompatibilité entre « faire » et « être ». Dans ce domaine, très particulier de la question taboue des relations sexuelles entre époux ou amants, la chose paraît définitivement tranchée.

Le coq « à l'œuvre » au service de son troupeau de poules, spectacle quotidien, hier et avant-hier, en dit plus qu'un long discours.

Effectivement, un coq qui « coche » bien ses poules ne peut pas être gras.

La beauté ne se mange pas en salade

Ce proverbe a maintes variantes : *La beauté du visage n'entretient pas le ménage* ; *La beauté ne sert ni à boire ni à manger*, *La beauté ne donne pas de pain*. Quatre variantes pour dire que ce n'est pas la beauté du visage de la femme qui nourrit son homme, ou que *Plus la femme regarde sa figure, plus elle ruine la maison*. Autrement dit, la beauté fugace disparaît vite chez la femme. Si cette beauté ne va pas de pair avec de solides qualités qui, elles, sont durables, il n'y a plus rien.

La haie basse doit le sautoir

On ne peut franchir la haie que quand elle est basse : c'est aux petits de céder aux grands. L'idée de soumission absolue du petit au grand, constatation amère, résignation, (révolte ?), est inhérente à cette règle qui paraît inscrite dans une tradition bien établie.

Laid comme les sept péchés capitaux réunis

Cela fait beaucoup. Additionnez orgueil, avarice, envie, luxure, gourmandise, colère, paresse et vous verrez que l'on ne peut pas trouver plus laid.
On pourrait dire aussi « T'es tellement *peut* [laid] que je te coucherai sur mon testament, pour te donner la peau de mon cul pour t'en faire une figure de dimanche. » (Entendu à Dieulouard, rapporté par M. H. de Toul).

Laid poupon, beau garçon

Cela est vrai dans les deux sens. Un beau bébé peut devenir un laid garçon. Une fois de plus, l'expression insiste sur l'instabilité des choses et sur le peu de certitude que l'on peut avoir en tous domaines.

Laisser couler l'eau/ Laisser courir le vent sous les toits

Ne pas se faire trop de bile. Il est des choses sur lesquelles nous ne pouvons rien, en particulier les éléments naturels, tout au plus pouvons-nous les endiguer. L'eau coule là où elle veut couler, laissons-là ;
le vent souffle où il veut, laissons-le. Inutile de se faire du souci à propos de choses sur lesquelles nous n'avons pas prise.

Laissons le Bon Dieu au paradis, c'est sa place

Il ne faut pas mêler Dieu à toutes nos affaires humaines. A nous de nous « débrouiller » tout seuls. Rude opinion loin de l'enseignement de l'Eglise, et qui suggère que la prière a bien peu d'efficacité, voire aucune, sur la modification du cours des choses.

La pierre va toujours au mur

La richesse attire toujours la richesse. Celui qui « a » aura toujours plus.

La roue tourne et elle « détourne »

Belle formulation de l'instabilité des choses humaines. Ce que le Moyen Age dans sa grande sagesse traduisait par la « parabole » de la « roue de la fortune ». Une constatation mais aussi une consolation. Riche aujourd'hui, mais peut-être pauvre demain ou après-demain, et vice-versa.

Le bois tordu fait du feu droit

Un enfant, issu d'un « vilain moule », peut donner un beau sujet, comme un mauvais bois donne une flamme droite, belle et claire comme une belle souche.

Le Bon Dieu envoie des noisettes à ceux qui n'ont plus de dents

Il est des choses inutiles à ceux qui n'ont pas les moyens de s'en tirer. Voyez les « jarretières » qui ne servent à rien à ceux qui n'ont pas de « chaussettes ».

Le Bon Dieu est comme les fabricants de bonnets, il n'en fait qu'à sa tête

Dieu est définitivement loin des hommes. A en juger par le spectacle des choses de ce monde, bien des situations restent incompréhensibles. Il fait apparemment ce qu'il veut et comme il veut. Ici, il y a un jeu de mots sur « bonnets » et « tête ». A quoi songent les fabricants de bonnets sinon aux têtes, d'après leur propre tête ?

Lécher les murailles

L'expression complète est : *Il n'est pas gras à lécher les murailles*. Pour vivre, il faut avoir de quoi manger. S'il est aussi bien portant, c'est qu'il a de quoi. Un mur si beau soit-il, la cage, si belle soit-elle, n'a jamais nourri son homme.

Le malheur de l'un ne guérit pas celui de l'autre

Il y a une solidarité dans le malheur. La dose de malheur n'est pas constante, en ce sens qu'il n'y a pas une répartition établie une fois pour toutes : tant de malheureux, tant d'heureux, d'après une certaine tradition qui considère qu'il y a des élus décrétés et des non-élus. Non, il n'y a pas de phénomène de compensation. Le nombre des malheureux peut croître à l'infini, sans augmenter pour autant celui des gens heureux.

Le mal vient à cheval et s'en va à pied

Le mal vient à cheval et s'en va à pied

Le mal est vite arrivé, dit un autre proverbe. Et, une fois installé, il reste ou vous quitte comme à regret. Un cheval, au trot, à plus forte raison au galop, distance toujours, à la marche ou à la course, l'homme même le plus pressé. Aussi bien *Un malheur n'arrive jamais seul*.

Le mariage est un fouillis où le diable ne voit goutte

Le mariage est une loterie ; on perd ou on gagne, personne ne le sait, pas même le diable.

A nouveau, il est insisté ici sur l'aspect du jeu (aléatoire par définition dans ses effets) qui s'applique au mariage.
On « tombe bien », ou on « tombe mal ». Un dé qui « bascule » mal et vous avez tout perdu.

L'enfer est pavé de têtes de curés

Toute la littérature populaire est peu amène à l'égard du prêtre, curé de paroisse, un paysan, un homme parmi les autres, mais un clerc tout de même, un homme à part, dont on monte en épingle les défauts. Cela n'affecte en rien l'adhésion de l'homme rural aux « vérités » de la religion. Voir : *En enfer, il n'y a que des meuniers et des curés*.

Les balais neufs balaient toujours bien

Ce qui est tout nouveau est tout beau. Semblable dicton, une fois de plus, souligne l'inconstance de l'homme qui, à peine en possession d'un objet, s'en lasse et en désire un autre. Un nouvel objet, le plus beau, le meilleur, en appelle un autre, qui sera à son tour le plus beau, le meilleur. C'est vrai qu'un balai neuf fait mieux l'affaire qu'un vieux : tel est du moins le prétexte avancé pour plonger avec délices dans notre « société de consommation » moderne.

Les cercueils n'ont pas de poches

Les cercueils n'ont pas de poches

Il partira avec quatre planches au cul comme tout le monde. Quand on meurt, on laisse tout. On n'emporte rien avec soi. Un cercueil, oui, c'est-à-dire quatre planches qui vous collent étroitement à ce qui vous reste de peau. Et c'est tout, en attendant qu'il ne reste rien. Pour une fois, il y a égalité totale entre riches et pauvres..

Les corbeaux ne font point de moineaux/d'agasses [pies]

Les enfants de chat prennent des rats. En principe, en principe seulement, ce que la réalité dément souvent, on ressemble à ses parents. D'un œuf de corbeau ne peut naître qu'un corbeau. Un petit de chat « ira aux rats » comme ses parents. Autrement dit, les gènes étant ce qu'ils sont, ce sont eux qui conditionnent votre comportement.

Les filles qui lisent des romans mettent de l'huile sur le feu

Voici maintenue cette théorie pour les femmes jusqu'à il y a peu, à la campagne surtout, que « lire » est synonyme de paresse, ou d'incitation à la perversion. Une femme en sait toujours assez quand elle sait « faire bouillir la marmite ». Que disait d'autre le personnage des *Femmes Savantes* ? Expression imagée qui insiste une fois encore sur la soi-disant hiérarchisation des valeurs hommes-femmes, et sur le bien-fondé du refus de l'instruction aux femmes. *O tempora, o mores...* !

Les gros chiens ne se mordent pas

Les riches ne s'en prennent jamais aux riches. Ils constituent un groupement d'intérêts bien protégés qui trouvent le renforcement de leur situation dans leur entraide réciproque pour maintenir les privilèges de leur « confrérie ». Voir *Les loups ne se mangent pas entre eux*, mais ils ne s'en prennent qu'aux « petits », sans défense.

Les hommes, c'est comme les melons, il faut en entamer vingt pour en trouver un bon

Enfin ce sont les femmes qui s'expriment ! Le jugement, leur jugement sur les hommes, est sans appel. Mais, il faut tout de même essayer, les « essayer », les « entamer », et les rejeter (dix-neuf sur vingt) pour n'en garder qu'un. L'homme, celui qui se croyait le meilleur, le premier, le préféré du Créateur, n'a pas de quoi être fier du jugement des filles d'Ève à son encontre.

Les loups ne font point d'agneaux

Pas plus que les corbeaux ne font de moineaux ou de pies, les enfants des loups ne naissent agneaux. Un loup, par définition, est fait pour manger les agneaux.

Les pierres sont dures sur tous les chemins

Tout travail fatigue son homme. Toute situation a ses inconvénients. Quelle que soit la route empruntée, la plante de vos pieds finit par vous faire mal.

Les plus belles roses tournent en gratte-cul

C'est vrai, une rose sauvage si belle soit-elle, devient cynorrhodon, en langue populaire « gratte-cul ». La plus belle créature aujourd'hui devient demain le plus parfait des laiderons. On ne peut pas être et avoir été. « Mon Dieu, qu'est-ce qu'on devient... Avoir été si belle fille, si beau garçon, et être tombé à ça... ». Le couplet entendu chaque jour sur la mise en musique du thème de la « fuite du temps ».

Les vieilles horloges sont comme les personnes, elles sont détraquées

Tout se dérègle. Les choses s'usent. Les horloges qui marquaient le temps joyeusement, allègrement, finissent par ne plus tenir le rythme. Ainsi vont les choses. Ainsi va la vie. Les vieilles horloges vont bien chez l'horloger, mais arrive un temps où elles ne valent plus la peine d'être réparées. Que la jeunesse des horloges est belle !

L'ouvrage apprend l'ouvrier

On se forme en travaillant. Non seulement, « C'est en forgeant qu'on devient forgeron » (*Fabricando fit faber*), mais la chose forgée devient votre maître et fait de vous un autre individu.

M

Mariez-vous, vous ferez bien, ne vous mariez pas, vous ferez encore mieux

Le mariage, encore le mariage. Ici, plutôt, le « non-mariage ». La solution conseillée ? Oui bien sûr, mais somme tout un « mal nécessaire ». Donc, mariez-vous quand même ! « Sans illusion », semble dire ce proverbe, sans être trop naïf, en tout cas. Décidément, cette belle et sainte institution du mariage n'a pas fini de faire parler d'elle.

Ménager les sons et foutre en l'air la farine

Curieuse attitude que celle des gens qui, économisant au-delà du raisonnable sur le superflu, sont tout à coup prodigues sur l'essentiel.

Mieux vaut deux sous ici que quatre ailleurs

Il vaut mieux se marier dans son village. Une autre expression renforce celle-ci : *Une planche de dernier choix du pays vaut mieux qu'une planche de premier choix de l'étranger*. La méfiance du Lorrain s'étale ici dans toute son ampleur. Nous n'agissons pas à la légère, nous aimons nous déterminer en toute connaissance de cause. Nous ne connaissons bien que ce qui nous entoure. Nous ne nous en remettons pas facilement aux autres. Celui ou celle qui vient d'ailleurs, à priori, ne jouit pas d'un jugement favorable. « Il n'est pas de chez nous ». Ce que j'ai ici vaut mieux que ce que vous avez chez vous. Dans un premier temps du moins. Ce principe vaut autant et plus dès qu'il s'agit du mariage.

Mieux vaut dire j'ai que j'avais

Formulation différente du *Mieux vaut tenir que courir*. La certitude de ce que l'on a vaut mieux que l'espérance de ce que l'on peut avoir.

Mieux vaut être garçon que torchon

Voici les faits renversés. La femme, disait-on ou croyait-on savoir, était au service de l'homme. Le vieux « jeune-homme », celui qui ne s'est point marié, ou n'a pas pu le faire, se console en disant à qui veut l'entendre qu'il aime mieux être « serviette » seul chez lui que « torchon » mal considéré chez sa femme.

Mieux vaut péter en compagnie que d'aller crever tout seul derrière un buisson

La compagnie des autres n'est pas forcément une situation heureuse, la présence d'autrui est toujours gênante, en ce sens qu'elle vous contrarie toujours dans le libre exercice de vos besoins, mais cela vaut mieux que la solitude totale. L'homme, qu'on le veuille ou non, est un animal fait pour vivre en société.

Mieux vaut se clouer la bouche que de mal parler

La langue, tout le monde le sait depuis Esope, est la pire ou la meilleure des choses. Parler, oui, mais parler bien. Sinon, tais-toi ou si tu ne peux pas le faire spontanément, cloue-toi la bouche. Cela te fera mal, mais ce sera tellement mieux.

Mieux vaut son enfant mouchu que de lui arracher le nez

Il faut savoir être raisonnable. La perfection n'est pas forcément la meilleure solution. Un nez morveux, fût-il celui de notre enfant, n'est beau ni à voir ni à « entendre ». Mais mieux vaut le supporter ainsi que de le soigner au point de lui arracher son appendice nasal.

N'avoir que son devant et son derrière

Se dit d'une fille sans dot qui n'apporte avec elle pour son mariage que ce qu'elle est, ce qu'elle a devant et ce qu'elle porte « derrière ». Des choses éminemment périssables, et que le temps use vite. Mais, *Amour quand tu nous tiens*... avait et a cours aussi en Lorraine. *La beauté ne se mange pas en salade,* mais *Les champs ne sont pas tout*.

Ne faire qu'un cul et qu'une fesse

Être comme cul et chemise, c'est-à-dire inséparables. Qui, des deux, a celui-ci ou celle-là ? Peu importe. Les deux sont interchangeables. En tout cas, les deux fessiers ne font qu'un.

Ne pas avoir des nœuds dans le gosier

Avoir une bonne descente. Le gosier est ce par où transite la boisson : on a soif, très soif, toujours soif, et la littérature populaire, en Lorraine autant qu'ailleurs, met l'accent constant sur la propension à boire des générations de la fin du XIXe siècle et du début du XXe siècle.

La petite ou la grande « goutte » fait invariablement partie du « folklore » rural ou ouvrier. Il n'y a rien dans la descente du gosier pour arrêter, ne serait-ce que momentanément, l'absorption d'un trait de tout liquide à goût d'alcool. Le « flux » est continu de la bouche à l'estomac.
Le gosier de l'alcoolique devient un vrai « boulevard » sans aucun obstacle à la circulation.

Ne pas avoir la gale aux dents

Ne pas être contagieux. « Je n'ai pas la gale aux dents » est dit par quelqu'un à un enfant qui fait le dégoûté, qui fait des difficultés ou émet une répugnance à manger ou à boire après lui.

Ne pas avoir vu le loup

Être encore vierge. « La pauvre fille, elle n'a pas encore vu le loup, elle rougit dès qu'on la regarde. ». Cette expression de commisération à l'adresse d'une fille qui a encore « toute son innocence » indique, même pour la période « d'hier et d'avant-hier », que l'initiation sexuelle correspondait à une sorte de rite obligé qui « pose » réellement les filles.
Il n'était pas rare, non plus, que certaines aient assez d'audace et d'aplomb pour donner le change et laisser croire, alors qu'il n'en était rien, « qu'elles avaient perdu quelque chose, qu'elles n'avaient jamais retrouvé ».

Ne pas boire au ruisseau

Se dit d'un homme ivre. Ce n'est pas l'eau bue au ruisseau ou à la fontaine, voire au robinet, qui fait de vous un homme titubant ou se mouvant « sur des semelles à bascule ». La raison est à chercher ailleurs...

Un homme. La cinquantaine. Le foie n'en veut plus.
La trogne enluminée..., il va consulter son médecin.
Le médecin : « Il faut boire moins d'eau de Vittel, cher ami...
- Docteur, j'en bois jamais ! » (Authentique).
Il n'avait bu ni eau du ruisseau, ni aucune eau minérale. Non jamais.

Ne pas être cause que les grenouilles n'ont pas de queue

Se dit de quelqu'un qui n'est vraiment pas malin.
On se passe de lui aisément, tellement il est bête. N'être capable de rien en rien. N'être pour rien à rien.

Ne pas savoir retirer un coq du poulailler

Être paresseux. On pourrait penser que l'appât du gain ou d'un objet convoité est suffisant pour inciter quelqu'un à risquer un effort, fût-il minime, pour l'atteindre.
Ici, voici un individu tellement paresseux que la perspective immédiate de s'emparer d'un coq dans un poulailler, proie sans défense et facile, ne réussit pas à l'extraire de l'oisiveté.

Ne pas sucer de la glace

Être ivrogne. « Ce n'est pas en suçant de la glace... qu'on ramasse un arc-en-ciel comme ça au milieu de la figure » (G. Chepfer).

Nos cochons n'en veulent plus

L'exemple même de la bonté, de la charité faite à autrui quand cela ne vous coûte rien. Les cochons en priorité, c'est une nécessité. Il faut bien se prémunir contre la faim future : lait, farine, pommes de terre, pommes à couteau. Quand ces chers animaux seront rassasiés, alors, mais alors seulement, on se fera un plaisir de distribuer tout cela à ceux (vos frères humains) qui sont dans le besoin.

On ne passe qu'une fois la poulière [porte du poulailler]

On n'a qu'une vie, il faut en profiter. Cette expression rappelle en même temps l'échéance finale : il faudra bien un jour sauter le pas, franchir la barrière, passer par la petite porte qui vous amène ailleurs ; mais un ailleurs d'où l'on ne revient pas ; une porte qui ne s'ouvre que dans un seul sens.

On ne peut à la fois sonner les cloches et aller à la procession

Lorsqu'il y avait encore des processions, et qu'il n'y avait pas d'électricité capable de déclencher les cloches à distance, le sonneur devait rester à son poste pour tirer les cloches, pendant que les autres pouvaient suivre la procession. Une manière de dire que l'on ne peut se couper en deux, être à deux endroits à la fois.

On ne recommence pas la messe pour un attardé

Il est des choses irrémédiables. Trop tard, c'est trop tard.
Avant l'heure c'est pas l'heure, après l'heure, c'est plus l'heure.
Autre expression : *C'est trop tard, l'eau bénite est faite.*

On ne saurait faire la mariée que de la fille qu'on a

On ne peut donner que ce que l'on a : les parents, en ce qui concerne leur fille à marier ; la fille elle-même, fût-elle belle, qui ne peut donner que ce qu'elle a. Inutile de se forcer. *A l'impossible, nul n'est tenu*.

On verra plutôt une fille sans pucelage qu'un ciel sans nuages

Plaisanterie traditionnelle sur la virginité des filles. La Lorraine affiche plus souvent qu'on ne le croit des cieux parfaitement azuréens, et des filles sans tache. Toute généralisation, hâtive de surcroît, est souvent erronée. En ce genre d'affirmation la plus grande prudence semble de rigueur...

Pas plus gros que deux liards de beurre

Pas plus lourd qu'un morceau de beurre d'une valeur de deux liards (le liard valait un peu plus d'un centime, c'est-à-dire pratiquement rien).
« Sa p'tiote femme n'est pas pus grosse que deux liards de beurre ; son cotillun ne descend pas pus bas qu'la moitié de ses cuisses, pisque jamais ainsi ! Heureusement qu'elle n'a rien à cacher, pace que son corsage n'a pas demandé beaucoup de soie pou le faire. »
(*La Mélanie de Commercy*).
Autre expression du même ordre : *Ne pas peser plus qu'un liard de beurre.*
« Je n'te dirai pas une chose pou une autre, la Vévette est ce qu'elle est, mais elle ne tourne pas le pied de travers. Son homme est heureux avé elle. Ses amies sont, comme elle, des petites dames qui ne pèsent pas pus qu'un liard de beurre. Les mâtines, elles n'usent pas beaucoup d'étoffe pou s'habiller. La Vévette m'a montré ses chemises : Dieu du ciel, ça ne tient pas pus de place qu'un mouchoir ! si c'est possible, ah ! i n'y a pas de toile perdue ! » (*La Mélanie de Commercy*).

Pauvre comme une souris d'église

Une souris de ferme (où la nourriture est abondante, surtout en hiver quand les grains remplissent les granges) est une souris à l'aise. Mais que peut grignoter une souris dans une église, à part les rognures de bougies ? Rien, ou à peu près rien.

Plein comme un boudin/jusqu'aux dents

Être ivre, « être si plein que le diable n'entrerait pas dans sa peau ». Un bon boudin se doit d'être plein, de bien remplir toute sa peau. Être plein aussi, c'est l'être du fond de l'estomac jusqu'aux dents comprises. On dit aussi : *Rempli jusqu'à la goulotte.*

Plus le bouc pue, plus la chèvre l'aime

Amour du morbide chez la femme ? Plus le mari ou le futur mari ou l'amant est hors de la norme, plus l'attirance est forte. Il y a là un « piquant » supplémentaire qui suscite un frisson irrépressible... Le banal n'a pas d'odeur.

Plus on retourne la salade, meilleure elle est ; les femmes c'est le contraire

Laisser les choses en leur état, ne pas trop « touiller » la salade que l'on assimile à une femme est la bonne solution. Il ne faut jamais chercher à tout savoir. Avec ce que l'on ne sait pas on vit heureux. Laisser à l'autre, c'est vrai aussi pour l'homme, une plage de mystère et d'inconnu n'a jamais empêché le bonheur.

Plus vieux, plus fou

Ce proverbe n'est pas typiquement lorrain. Mais il est aussi de chez nous. Comme ailleurs, le Lorrain, réputé sérieux et sage, encore et toujours, mais plus encore quand la toison est grisonnante, a gardé, pourquoi pas, toutes ses chances de commettre quelque folie, folie douce, j'entends, mais folie tout de même, une folie bien sage mais qui fait tellement plaisir.

Pot fendu dure longtemps

Ce ne sont pas ceux qui sont les plus solides et les mieux portants, les gros « costauds », les « Hercule » qui vivent le plus longtemps. Un rien abat un colosse. Un mauvais pot, fêlé, résiste souvent mieux aux chocs. Tel garçon chétif, condamné par la médecine, a pu, ici ou là (exemples à l'appui) aller à l'enterrement de ses amis dont on pouvait croire qu'ils étaient faits de fer.

Pour avoir la maison nette, ni pigeons ni prêtres

Sans aucun doute, ce proverbe très dur est le fait de l'homme, jaloux de la propreté de sa maison et qui voit dans ces deux intrus deux vecteurs de souillure. Les termes utilisés ne manquent pas d'« interpeller... » sur la mentalité profonde de certains de nos compatriotes à l'égard des hommes d'église...

Pour corriger le loup, faut le marier

Les Contes de Fraimbois disent mieux qu'un long commentaire que la meilleure façon de punir pour de bon le loup que l'on a pris dans un piège ce n'est pas de lui couper les oreilles, ni de lui brûler les plantes des pieds, ni de l'écorcher vif, mais bien de le marier. « Il sera bien assez embêté comme ça ». Qu'on se le dise...

Prendre le premier chien coiffé

Avoir envie de se marier, au point de dire « oui » au premier venu. La fille qui veut à tout prix se marier n'est pas « regardante ». Un n'importe qui, un moins que rien, un chien, pourvu qu'il soit coiffé d'un chapeau, et « hop, sous l'édredon ».

Près de l'église, loin du Bon Dieu

Ce ne sont pas ceux qui disent : « Seigneur, Seigneur, qui iront au Paradis ». Ce ne sont pas ceux qui fréquentent le plus l'église qui sont les meilleurs. Ce proverbe-dicton va plus loin : le contraire serait même vrai. Une sorte de plaidoyer *pro domo* pour ceux qui se font une gloire de ne pas « mettre les pieds à l'église ».

Prêter sa langue plutôt que sa bourse

Être aussi avare que ceux dont on dit « Il ne sort de chez eux que la fumée, et s'ils pouvaient ils la retiendraient ». La langue ne coûte rien, d'autant plus qu'elle ne s'use pas. Tandis que l'argent que l'on prête est quelquefois de l'argent perdu pour toujours. Il est plus facile d'aider quelqu'un par une belle parole que par un don en argent qui soulagerait vraiment celui qui est dans la gêne.

Promettre plus de beurre que de pain

Il existe toujours quelqu'un pour croire un beau parleur. Tel est d'autant plus crédible et plus cru que ses promesses sont plus énormes et démentielles. Du pain, oui, du beurre, oui aussi, mais du beurre qui excède la tartine... Imaginable, à peine. Invraisemblable, tout à fait.

Quand il n'y a plus de foin au râtelier, les ânes se battent

Deux miséreux cohabitent difficilement. L'un imaginera vite que l'autre lui a pris sa subsistance. Que vont-ils faire, sinon se battre ? C'est toujours « l'autre » qui est réputé la cause de votre malheur. Le malheur a toujours des degrés.

Quand le cochon est gras, il casse le réduit

Est-ce à dire que le bonheur, sous quelque forme que ce soit, suffit pour causer chez celui qui en jouit un état de béatitude qui le pousse à être content de soi ? Pas du tout. C'est quand le cochon repu et gras a atteint la plénitude de sa bonne forme qu'il décide justement de « casser sa baraque ».
Même quand on a tout pour être heureux, il vous manque encore quelque chose, et c'est ce petit rien qui est cause que tout ce bel édifice s'écroule.

Quand le coq chante, la poule doit se taire

Molière faisait déjà dire à Martine : « La poule ne doit pas point chanter devant le coq ». Certains, même s'ils n'osent plus le dire, le pensent encore. Pauvres coqs... La poule n'aurait-elle pas réussi insidieusement, à chanter avant le coq, ou en tout cas plus fort que lui ?

Quand on a dépensé tout son argent, il n'est plus temps de serrer la courroie...

Trop tard, c'est trop tard. Quand le train est parti, il n'est plus temps de prendre son billet. Une nouvelle façon de redire que lorsque vous avez raté une affaire, il est trop tard pour le regretter. Ce qui est fait est fait.

Quand on est veau, c'est pour un an, quand on est vache, c'est pour tout le temps

Il n'y a pas de remède : « Qui est bête est bête ». Un veau devient vache ou taureau ; il change, il « mue », il progresse. Une vache, une fois vache, reste vache. Aller au-delà, la chose ne lui est pas possible. Qui est bête au point de « manger du foin » restera à vie « bête ».

Quand on se mêle au son, les cochons vous mangent

Quand on devient « son », ce qui est peu de chose, quand on s'est ravalé au plus bas niveau, on risque fort de devenir nourriture de cochons, plus bas que le cochon, puisque c'est la nourriture qui engraisse le cochon.

Qui est marié n'est pas sauvé

Qui est marié n'est pas sauvé

Il se trompe lourdement celui qui croit que le mariage est la panacée, ce par quoi, enfin, le bonheur est assuré. Un beau jour, certes, mais suivi de combien de lendemains...

Qui prend une belle femme en prend deux

Leçon à l'adresse de celui qui va prendre femme. Ne jamais oublier que celle qui est épousée aujourd'hui sera différente demain. Belle aujourd'hui, moins belle demain. Poésie aujourd'hui, prose demain. Jeune aujourd'hui, vieille demain.

Qui trop haut monte, on le voit ravaler

Cette expression rappelle celle-ci : *On a vu aussi des grandes eaux s'abaisser.* Le Moyen Age avait vulgarisé la « roue de la fortune ». Celui qui est au faîte de la gloire peut demain se trouver au fond du ruisseau. Tel qui était au plus bas échelon de l'échelle ce matin même aura peut-être ce soir atteint le plus haut barreau. *Sic transit...*

Remuer l'argent comme de la menue paille

Quoi de plus vil que la « balle » de la paille, l'enveloppe des graines de céréales, appelée en Lorraine « menue paille », que le vent emporte au moindre souffle ? Quoi de plus facile à mettre en tas ? Un tas que l'on remue facilement à la pelle. Celui qui est riche remue son tas d'or de la même façon que le paysan brasse « la menue paille » de sa grange.

Rendre le panier par l'anse

Rendre un prêté pour un rendu. Version à peine modifiée du *Œil pour œil, dent pour dent*.

Rester sur ses œufs

Rester célibataire (pour une fille).
« Ah-! ben si vous croyez que je vas me marier pour tirer le diable par la queue, vous vous mettez le doigt dans l'œil jusqu'au coude, mon fi. J'aimerais mieux rester sur mes œufs jusqu'à la fin de mes jours, ben sûr » (George Chepfer dans *Faut se faire une raison, Brigitte* où Brigitte Torgnot, 58 ans, finit par accepter de se marier avec Théophile Brossatte, 62 ans). Dans cette expression, encore très usitée, l'allusion à la poule couveuse est claire. Une poule, cochée ou pas par le coq, pond.

Et elle couve, c'est-à-dire qu'elle va se poser pendant 21 jours sur une « nichée » d'œufs, au terme de quoi les poussins sortiront de leur coquille, piailleront, la mère couveuse n'ayant plus d'œufs à couver quittera son nid et emmènera son petit monde. Il arrivait qu'une poule, après avoir pondu un certain nombre d'œufs, se mette à les couver, seule, en cachette de la fermière. Imaginons que ses œufs soient « clairs ». c'est-à-dire qu'ils n'aient pas été fécondés par le coq (il pouvait y avoir des élevages familiaux sans coq), la poule couvera indéfiniment, en vain, puisqu'il n'y aura pas d'éclosion de poussins. La poule, pourrait-on dire à juste titre « restera sur ses œufs ». De la même façon pour une fille, l'ovulation se produit et si il n'y a pas eu fécondation par l'homme, il n'y aura pas de naissance. La fille, comme la poule, restera sur ses œufs et pourra y rester indéfiniment. Elle ne sera jamais mère, parce que maternité égale mariage, selon la morale de l'Eglise (il était pour le moins mal vu de *Mettre Quasimodo avant Pâques)*. Sans mariage, dans ces conditions, pas d'œuf fécondé. Une fille qui reste sur ses œufs est bien celle qui ne s'est pas mariée.

S

Sainte à l'église, diable au lit

La dévotion n'empêche pas l'amour charnel. Il y a un temps pour tout. Mais, pour que ce soit tout à fait moral, pas en dehors des saintes lois de notre Mère l'Eglise. Grandes saintes, grandes pécheresses ?

Sauter d'un sabot sur une savate

Sauter du coq-à-l'âne. Passer d'un objet à un autre sans transition aucune, comme le cordonnier qui passe d'une chaussure à une autre, au fur et à mesure qu'elles se présentent à lui pour être réparées.

Sèche comme une ételle

L'ételle désigne un éclat de bois plus épais que le copeau, produit par les charpentiers, les scieurs de long et les bûcherons, en équarrissant les pièces de bois ou en abattant les arbres à la hache.

« Je ne vous raconterai pas tout ce que l'médecin de Nancy a dit à not' Melie ; I te l'a retournée su toutes les coutures, "scultée" [ausculter] dans l'dos, tâtée de tous les cotés et pis il a dit : "Ce n'est rien, un simple accident ; je vais seulement vous donner un régime à suivre". Il a pris une grande feuille de papier et il a écrit d'ssus tout ce qui n'faut pas qu'elle mange." Bin, ma belle que j'li dis, c'est pire que le carême, si te ne d'viens pas sèche comme une ételle, c'est que t'auras de la graisse de reste" » (*La Mélanie de Commercy*).

Se faire marchand de poisson la veille de Pâques

Faire une chose inutile ou à contretemps. Chose inutile, certes, mais qui traduit aussi une grande bêtise. Autrefois pendant le carême qui durait 40 jours et se terminait à Pâques, on ne devait manger ni viande, ni œufs mais seulement du poisson.

Se redresser comme un coq sur un fumier

Les fumiers lorrains, bien installés dans leur odeur méphitique, étaient le symbole même de la richesse du laboureur : gros bien, gros troupeau, gros fumier. Ils étaient, sur les « usoirs », le terrain d'exercice ou de pâture du coq et de son troupeau de poules. C'est là que le coq poussait, dressé sur ses ergots, ses plus orgueilleux cocoricos. Ainsi va l'homme, fier de lui, orgueilleux assurément, qui se fait une gloire d'afficher son importance, à partir d'une base quelquefois peu glorieuse.

Se rengorger comme un chien qui emporte une tripe

Le chien qui a réussi à s'emparer d'une tripe provenant d'un animal, volaille, lapin que l'on a sacrifié, est contraint de lever la tête très haut, afin de tenter de l'emporter sans piétiner la dite tripe, ce qui ralentirait la marche ou la fuite. L'image est saisissante, l'orgueilleux se redresse exactement de la même façon. Il s'avance cou tendu, tête haute. Sûr de lui.

Sourde et muette, c'est le plus séant pour une femme

C'était au temps jadis, dit-on, que l'on donnait ce conseil à la femme, « servante » de l'homme : seul le mari avait le droit d'entendre et de parler. Le canon de l'excellence de la femme se définissait par ces deux mutilations : être privé de l'ouïe et de la langue. *Sois belle et tais-toi*, mais en plus « tu es priée de ne rien entendre ». Une tombe, vous dis-je !

Tablier de soie, ventre de son

Le tablier était un objet du vêtement féminin particulièrement recherché, une vraie parure. On désignait ainsi une femme coquette qui dépensait tout son argent pour sa toilette.

Tant va la cruche à l'eauqu'à la fin... elle s'emplit

Se dit d'une fille qui court les garçons, et qui « tombe enceinte ».
Le proverbe ainsi modifié, malicieusement à dessein, est amplement parlant à lui seul, et dit autre chose de façon, ô combien plus évocatrice que le banal : *Tant va la cruche à l'eau qu'à la fin elle se casse.*
Voyez le « robin » du tonneau, autre récipient.

Tête de fou ne grisonne jamais

La vieillesse rend sage. Cette sagesse s'affiche par cheveux gris ou blancs interposés. Ceci est synonyme de cela. Ce qui signifierait que ceux qui seraient vieux sans avoir de chevelure couleur de neige seraient démunis de sagesse. Raisonnement absurde ?

Tomber dans une maison comme une hirondelle dans une cheminée

Tomber dans une maison, à l'improviste. Pour Léon Zéligzon, cette expression a le même sens que : *Tomber quelque part comme un chien dans un jeu de quilles*.

Tordre la hart [lien de fagot] quand elle est verte

Lorsque le « fagot » était la base indispensable de l'entretien du feu à l'âtre, chaque ménage entreposait bien au sec un tas de fagots bien ficelés par un lien de bois vert que l'on tordait sur lui-même. Ce qui ne pouvait se faire que tant que matière ligneuse était encore verte, donc malléable. Il en est de même pour l'éducation des enfants. Si on ne les « tord » pas tant qu'ils sont jeunes et malléables encore, si on ne les forme pas tant qu'ils sont capables de se plier à la règle, ce sera trop tard quand ils seront adultes. Un type d'éducation... d'une autre époque ?

Troquer son cheval borgne contre un aveugle

Il faut savoir ne pas se tromper, ne pas céder « la proie pour l'ombre » ou son couteau pour une mauvaise lame.

Un gros fumier, un toit rouge (couvert de tuiles), un cochon gras à la cheminée, c'est cela qui fait bien marier les filles

Le mariage est-il d'abord une affaire de gros sous ? Oui, si l'on en croit ce dicton. Signe de richesse au village : un gros fumier, signe extérieur de beau troupeau ; un toit rouge c'est-à-dire des tuiles et non du chaume ; un cochon, mais gras, en train de fumer dans la cheminée...
Tout ce qu'il faut pour retenir l'attention d'une fille en mal de se marier, de ses parents en tout cas.

Un homme est le maître quand il est tout seul

L'homme est volontiers vantard. « Je suis mon maître, je fais ce que je veux... ». Oui, mais quand il est seul. Sa femme se présente-t'elle qu'il est moins flambard, immédiatement en retrait. Peu glorieux pour celui qui se croit depuis la nuit des temps le meilleur, et à qui il arrive de le dire, mais en compagnie d'autres hommes de son espèce.

Un mari qui obéit à sa femme et à son curé, c'est un homme perdu

Ce dicton ne fait que confirmer ce qui précède, avec en plus le fait que l'influence du curé, référence morale, s'ajoutant à la prise de pouvoir effective de la femme, la connivence de l'une et de l'autre, ensemble ou séparément, ont fait du mari, effectivement « un homme perdu ». Le mari ? Un « macho » de pacotille. Ce n'est pas très glorieux non plus.

Une belle-mère, c'est comme un cochon, ça ne fait de bien qu'une fois que c'est mort

Pauvres belles-mères ! Une affirmation toujours prononcée dans un éclat de rire homérique. On rit de qui l'on peut. Mais on rit, ce qui signifie que l'outrance n'est jamais vérité.

Une fille, belle fille. Deux filles, assez de filles. Trois filles, trop de filles. Quatre filles et la mère sont cinq diables contre le père

Comment tenir ? Quatre filles s'ajoutant à la mère, ce qui fait cinq, contre un homme ! Le pauvre, le combat est inégal. Est vaincu celui qui ne peut être que vaincu.

Une soupe à l'oignon et hop ! sous la couverture

Un mariage sérieux se prépare de longue date, ne se conclut pas à la légère, non pas en « deux temps, trois mouvements ». Le mauvais mariage est celui où, à la suite de la moins sérieuse des promesses, l'affaire est entendue immédiatement.

Vieille fille, vieille guenille, vieux garçon, vieux cochon

Se marier, ne pas se marier ? Telle est la question. Ne pas passer devant « monsieur le curé » et devant « monsieur le maire » n'est finalement pas bon. Ni pour celle qui, laissée soi-disant pour compte, est presque comme un vulgaire chiffon, ni pour celui qui, restant « vieux jeune homme », passe pour... un cochon. Le besoin de rime évite de tenter de donner une réponse claire à ce dicton. L'humour tiendra lieu ici d'explication.

Vilain tronc, beau rejeton, bel enfant

En principe, du beau ne peut sortir que du beau. On le croit, on l'espère. Mais ce n'est pas toujours vrai. Mystère impénétrable de la nature.

Voir clair au fond de son verre

Celui qui « boit » vide son verre d'un trait. Pour rien au monde, il ne tolèrerait de laisser un reliquat, si mince, fût-il, « cul sec », mais vraiment sec. Se connaître exactement pour ce que l'on est. Franchement. Honnêtement. On dit de l'ivrogne aussi : *Il a deux maladies : il ne peut avoir un verre vide, il ne peut voir un verre plein.*

Vouloir le sac et encore le blé

Vouloir le beurre et l'argent du beurre. Proverbe bien connu. Le Lorrain le connaît sous un emballage différent. Le beurre était ce qui assurait une rentrée d'argent régulière dans les ménages, le froment aussi. Quand le cultivateur conduit son blé au moulin, il vend le contenu, pas le contenant. Les deux à la fois donne l'image de la contradiction la plus totale.

HISTOIRES À RIRE

Auteurs et textes cités

Jean Boulangé

Né à Punerot (Vosges) en 1905 ; paysan, exploitant agricole, auteur de récits *(fiauves)* en patois de la région située entre Neufchâteau, Vaucouleurs, Toul et Colombey-les-Belles, et d'un glossaire du parler de ladite région. Ici, extraits traduits du patois.

George Chepfer (1870-1945)

Né à Nancy ; chansonnier au cabaret de Montmartre à Paris. Célèbre par ses talents d'humoriste lorrain: imitations, saynètes, paysanneries, chansons, etc. Créateur inoubliable de *La dame de Saizerais*.

Les Contes de Fraimbois

Ensemble de 95 cartes postales illustrées, en patois de la région de Lunéville (région sud-est du département de la Meurthe-etMoselle) sans auteurs clairement identifiés, même si la tradition en attribue la plus grande partie à A. Grandjacquot et F. Rousselot (production étalée de la fin du XIXe siècle à la Première Guerre mondiale) ; publié sousforme de recueil pour la première fois, par J. Lanher, préface de l'abbé J. Choux, avec transposition en français régional à Nancy, chez J.-M. Cuny, 1978 et aux PUN, 1983, 1989. Ici, extraits divers, texte et transposition en français.

Léon Florentin (1875-1937)

Instituteur à Vignot et aux Carrières-d'Euville (Meuse, canton de Commercy), journaliste *au Républicain de l'Est,* rédacteur au *Bulletin meusien* d'une chronique hebdomadaire humoristique intitulée : *Mélanie.* L'ensemble de ces billets a été publié sans doute vers 1932, sous le titre *La Mélanie de Commercy* chez Henri Frémont à Verdun.

Raymond Grandclaude

De famille paysanne vosgienne (Anould, canton de Fraize); témoin pour *l'Atlas Linguistique et Ethnographique de la Lorraine Romane.* Ici, extraits d'un enregistrement sonore, traduits du patois.

Clément Kieffer (1881-1964)

Né à Varize (Moselle, canton de Boulay-Moselle), fils d'instituteur. Artiste peintre, aquarelliste, graveur, s'intéresse aux traditions populaires lorraines, tout particulièrement messines. Directeur de l'Ecole des Arts appliqués de Metz. Ici, extraits de *Val nate Fanchette,* Metz, Serpenoise, 1982, texte et traduction.

Louis Lavigne (1888-1950)

Né à Cumières (village détruit en 1916, Meuse, canton de Charnysur-Meuse) ; instituteur et inspecteur primaire dans le Verdunois et dans le Nord-meusien. Auteur du *Patois de Cumières et du Verdunois,* Verdun, 1939-1940, et d'ouvrages linguistiques et ethnographiques consacrés aux traditions populaires meusiennes. Ici, extraits de *Sur le Pouce,* Verdun, R. Marchal, 1929, traduits du patois.

Georges Lionnais (1885-1960)

Né à Nantillois, Meuse (canton de Montfaucon) ; instituteur du Nord-meusien. Auteur d'ouvrages régionalistes, en patois de la région du Nord-Verdunois (vallée de la Meuse) et rédacteur d'une chronique en patois dans la presse départementale meusienne et *Le pays Lorrain.* Ici, extraits de *Veillées Lorraines,* Verdun, R. Marchal, 1931, texte et traduction.

Fernand Rousselot (1879-1958)

Né à Lunéville (30 km au sud-est de Nancy) ; journaliste à *L'Est Républicain.* Ecrivain régionaliste de talent. Auteur de plusieurs ouvrages en patois et en français régional de la Lorraine-centre. Excellent connaisseur de sa langue régionale. Ici, extraits de *A l'ombre du mirabellier,* réédité à Nancy, Arts et Lettres, 1976.

A propos du meeting d'aviation

I ne tenait qu'à moi d'aller à Commercy, dimanche, et de me faire trimbaler en aviun comme les autes. Bin entendu qu'à mon âche je ne me ficherai pas du haut en bas et si le sapré parapuie ne s'ouvrait pas ; j'ai ty besoin de me faire tuer ?

La première fois que j'en ai vu une faire ce coup-là, c'était à Nancy ; tout chacun la regardait. Mon Dieu, que je m'disais, pourvu qu'elle ait des culottes fermées ; et je m'disais enco : Y a-ty du bon sang ! Les garces de femmes ont le diabe au corps ! Moi, je ne suis pas bonne pou tous ces machins-là. Une fois, à Paris, l'année de l'espositiun, nous venions de nous marier. On a monté à la tour Eiffel avé l'Arsène ; j'ai bin cru que je rendrais tripes et boyaux, sous votre respect. On était dans l'encenseur. Pou monter, ça marchait tout bien ; mais pour descende, malheur ! on aurait dit que le ventre me remontait su l'cœur. Ça serait bin une aute affaire s'y fallait dégringoler de pus haut ; je serais bin morte en arrivant.

On dit que dans une dizaine d'années on voyagera en aviun ; je veux tout bin le croire, mais, dans tous les cas, ça ne sera pas moi. Quand je vas dans l'auto du Paulin, je n'suis qu'à moitié tranquille ; j'ai toujou peur qui ne nous fiche dans un arbre et quand une aute auto passe en frouant, vous me coirez si vous voulez, mais c'est pus fort que moi, ça me porte su la vessie. Ya enco rien de tel qu'un char-à-bancs Au moins, là-dessus, on n'a pas peur. On a des inventiuns du diabe, à c't'heure, on coirait que le mal n'est pas assez tôt venu. Tous les jours, y en a qui s'estropient, qui s'esquintent pou le restant de leurs jours ou qui se tuent.

C'est comme cette saprée maladie qui viennent enco d'inventer (faut que j'copie le mot) la poliomyélite. Je vous demande un peu qu'est-ce qu'on ne peut pas avoir. Dans les temps, on parlait du choléra, pis ça été l'influenza, et pis la grippe espagnole. Une fois qu'on trouve le moyen d'en guérir une, c'en est une aute qui revient. C'est enco comme leur appendicite, pou un oui, pour un non, on se fait couper un p'tit bout de boyaux.

Zut dun, avé tortout ça ; si on pensait, on ne serait pas seulement une heure tranquille. Les bêtes sont ma foi plus heureuses que nous !

(L. Florentin*)*.

Après deux ans de mariage...

Mais, faut que je vous raconte le tour qu'est arrivé à la Nonôre du Grandjean. Elle avait marié une homme beaucoup plus vieux qu'elle... pasque, vous savez bien, elle n'était pas belle, la paufe Nonôre : des cheveux jaunes comme les blés de Rome, de la salâte [taches de rousseur] plein la figure, des yeux beuloux [chassieux], un méchant frognat [trogne, mine], des jambes en coihhate [les jambes torses], pas plus d'estomac [seins] que dessur ma main... Longtemps, on a cru qu'elle ne trouverait pas à se placer tellement qu'elle était peute [laide]. Elle a attendu des années... A la fin, le Gugusse Calandau, qu'avait pu de cinquante ans, s'a présenté... Elle ne s'a pas fait prier, vous pensez bien... Le mariâche s'a fait en moins de temps qu'i ne faut pour le dire... Ma foi, ils avaient l'air de s'accorder... On n'entendait pas déblatérer dessur eux... Ça faisait déjà deux ans que Mosseur Curé les avait conjungués [unis par le mariage].
V'là qu'un jour la Nonôre dit à son homme :
- Gugusse, tu ne m'aimes pu...
- Je ne t'aime pu ! En v'là une idée... Et pourquoi que tu me dis ça, Nonôre ?
- Je te répète que tu ne m'aimes pu... Et je sais ce que je dis, nem [n'est-ce pas]. Te ne me regardes pu... Depuis six mois, te ne m'as pas donné une seule preufe que te me considérais... pas une seule politesse... rien du tout... Ça ne peut pas durer comme ça... Quand Mossieu le Maire nous a mariés, il a parlé de tes devoirs... Eh ben ! les devoirs-là, te les remplis t'i... Dis-moi voir, te les remplis t'i... t'es à côté de moi comme un jarron [gros morceau de bois] de fagot... comme une pelle à enfourner qu'on n'enfourne pas... Je ne te sens plus rien !... Si enco t'étais malâte, ma foi, je patienterais... je me ferais une raiseun... Mais, jamais te ne t'as si bien porté... T'es grâs comme un fouillant [taupe]... T'as des joues belles et rouches... l'œil vif...
- Qu'est-ce que te veux, ma paufe Nonôre, on ne peut pas ête et avoir été...
- Ta, ta, ta, ta... c'est des oremus que te me contes là... La preufe, c'est qu'on ne peut ête un nuzan [personne indolente, insouciante], une foutue bête et y rester toute sa vie... Te vois bien, nem, malin ! Qu'est-ce que t'as à répondre à ça ?
- Rien du tout !

- En v'là une réponse... Je vous demande un peu ! T'es-t-i enco un homme, dis... oui ou neun ?
- Si te veux, Nonôre, j'irai voir le docteur pour z'y demander ce-qu'i faut faire.
- V'là longtemps que t'aurais dû y aller, si t'avais deux sous de bonne chose pour moi !
- Eh ben, j'irai...
Ma fi [ma foi], voilà mon Gugusse parti chez un médecin de Mirecourt.
Il l'y esplique son affaire.
- Quel âge avez-vous ? que lui demande le médecin.
- 54 ans !... C'est déjà de l'âche...
- Bien sûr ! Mais vous êtes solide comme un chêne et je ne vois aucune raison pour que...
- Oh ! mais si, Monsieur le Docteur, y en a une... une grosse même...
Si vous saviez comme ma femme, la Nonôre, est peute...
- Elle est si peute que ça ?
- Enco plus... J'avais vu, dans les gazettes [journaux], une réclame...
Y a un fakir (je ne sais pas ce que c'est du fakir là), un fakir qui vend des dragées... I paraît qu'en mangeant un ou deux de ses dragées...
- Taisez-vous ! Je vous défends d'acheter ça... C'est très dangereux...
- Eh ben ! alôrs, quoi faire ?
- Attendez !... J'ai trouvé... Vous me dites que votre femme est peute...
- Comme le péché, Mossieu... et pas véniel, je vous le garantis...
- Alors, voici... Vous allez vous rendre à Nancy, à l'institut Coué... Là, on vous indiquera le meilleur de traitement à suivre... Conformez-vous strictement à la méthode qu'on vous recommandera et vous deviendrez un homme, un homme parfait... Et vous pourrez avec honneur, faire droit aux légitimes exigences de la Nonôre...
- Vous croyez ?
- Je vous crois que je le crois ! Allez chez M. Coué et vous m'en direz des nouvelles.
Le Gugusse remercie le médecin et s'en va chez M. Coué.
Comme j'étais au courant par la Nonôre de tout ce qui se passait chez eux, quéques jours après le retour du Gugusse de d'chez Mossieu Coué, j' m'en vas la voir... Jamais, la figure réjouissante qu'elle avait, la sacrée Nonôre !
- Ça va, Nonôre ?
- Ça va tout bien, Adèle... Ça va même on ne peut pas mieux...
- Ah !... eh ben !... à la bonne heure [tant mieux] ! Et vote homme, le Gugusse ?

- I va bien aussi... mais, tout bien, tout bien...
- Ah !... Eh ben !... c'est tant mieux !...
- Ecoutez, Adèle... je suis bien contente, allez, et le Gugusse aussi... Mossieu Coué a fait un mirâcle, un mirâcle de la résurrestieum... Mon homme a redevenu une homme pour tout de beun... Ce n'est pâs coyâpe, et c'est pourtant comme ça... Je vous avais dit, avant qu'i n'aille voir Mossieu Coué, que le Gugusse n'avait pu d'intentieuns pour moi... Eh ben ! depuis qu'il a revenu de Nancy, il a des intentions tous les jours... Même-ment que, nous deux, c'est comme un ménâche de jeunes mariés.
- Comment que mossieu Coué a fait ?
- Ah ! le coup-ci, je n'en sais rien... Le Gugusse n'a rien voulu me dire... Mais, qu'est ce que ça peut bien faire ?... L'essentiel, c'est qu'il est revenu de la consultatieun rajeuni de vingt ans... Tout de même i n'était que temps... Qu'est ce que vous voulez, on n'a pas tant de distratieums au villâche... Les soirées sont grantes... i n'y a pas de cinéma... Le mariâche, voyez-vous, c'est enco ce que on a trouvé de mieux pour passer son temps... c'est le cinéma des paysans-!... Depuis que le Gugusse suit le traitement de Mossieu Coué, i me joue le cinéma tous les jours... des fois même i donne plusieurs séances... Malgré tout, je voudrais bien savoir ce que Mossieu Coué lui a dit... Y a une chose qui me paraît moult drôle, allez... Chaque soir, pendant que je me déshabille avant de me mettre au lit, le Gugusse s'enferme dans un petit cabaneum, banjoindant [jouxtant, touchant] de notre chambre, et i récite des litânies, sans arrêt, et vite, et vite... J'te récite et j'te récite... J'ai déjà écouté à la porte du cabaneun, mais je n'ai pas pu comprendre ce qu'i disait...
- Guettez-le enco, Nonôre...
- Je le guette tous les soirs... Quand je le saurai, je vous le dirai, Adèle...
Quéques jours après, ma Nonôre s'avait déshabillée comme d'habitude... Le Gugusse était déjà dans son cabaneun où est-ce qu'i récitait ses litânies. A pas de loup, la Nonôre s'approche de la porte et s'aperçoit que son homme avait raubié [oublié] de pousser le verrou... Alôrs, tout doucement, sans faire de bruit, elle entredevêt [entrouvre] la porte et pi elle regarde...
Le Gugusse était assis, en pané [en chemise] sur une chaise ; i-fermait les yeux en frônçant le freunt ; et pi, i serrait ses deux poings comme quéqu'un qui doit faire quèque chose de difficile, mais qu'il y arrivera quand même pasqu'il le veut de toutes ses forces. Elle écoute. Et voici ce qu'elle entend que disait le Gugusse, en fermant les yeux, en frônçant le

freunt et en serrant les poings : « Elle n'est pas déjà si peute que ça !... Elle n'est pas déjà si peute que ça !... Elle n'est pas déjà si peute que ça !... Elle n'est pas déjà si peute que ça !... »
Quand elle eu compris, la paufe Nonôre a cheu [chu, elle est tombée] de tout son long, en revêdo [à la renverse], quasiment morte. Le Gugusse l'a relevée et l'a soignée du mieux qu'il a pu. Mais, depuis l'affaire-là, la Nonôre a restée toute dolente. Et, de la défaite, elle ne se revoit pu... [elle n'est plus réglée]. (F.-Rousselot, extrait de *A l'ombre du mirabellier*).

Attention à la muraille

La Clémence Bourbillotte, qui allait en journées [qui se louait à la journée ; on faisait les comptes le 11 novembre à la Saint-Martin, entre patron et employé(e)] pour l'Henri Holdrinet, était toujours à couteau tiré avec son homme, le Lexandre Beausoleil. Ils se chamaillaient à propos de rien et ils en étaient venus à se haïr pour de bon. Un beau jour, au matin, voilà-t-il pas que la Clémence ne se réveille pas ?
Elle était blanche comme linge. Ses yeux étaient retournés, son nez pincé. Point de doute. La pauvre femme venait de trépasser, sans dire mot. Le Lexandre a fait semblant d'être fort désolé en allant chercher la mère Sartelet, pour ensevelir la morte. Au soir, les gens du village sont venus jeter de l'eau bénite... L'Hermance Drouet a même voulu soulever le drap pour voir, une dernière fois, sa pauvre amie d'enfance. « Eh ! mon Dieu ! a-t-elle gémi, comme on change quand on est mort ! Dire que nous y passerons tous ! ».
Deux jours après, le curé est venu chercher la Clémence pour la conduire au cimetière. Le Lexandre était le tout premier derrière le corps ; de temps à autre il s'essuyait les yeux avec son mouchoir de poche, comme s'il avait la grande douleur de voir s'en aller sa femme, pour la vie des vies.
L'enterrement passait dans une ruelle pour ne pas allonger la route, et les porteurs, sans le faire exprès, avaient toqué un petit peu la boîte [cercueil] après le pignon de l'Hector Jean ; ce fut suffisant pour réveiller la Clémence qui n'était qu'en léthargie, comme ils disent aujourd'hui... On l'a retirée aussitôt, et reconduite à la maison.
Mais vous pensez bien que ça lui a tourné les sangs, une affaire pareille. Elle est tombée malade : et huit jours après, elle mourait, pour de bon, ce

coup-ci... Il a fallu refaire tout l'ouvrage ; le Lexandre était fort en colère, allez !
Avant que l'enterrement ne passe dans la ruelle, il a prévenu les porteurs : « Surtout, faites bien attention au pignon de l'Hector Jean ! ». (G. Lionnais, traduit du patois).

Au coin du feu

- Merci, t'es ma fi bin honnête, que j'ai répondu.
L'Arsène a parti d'une grande càclée et pis il a dit :
- Moi, Mélanie, si j'avais été une femme, te ne sais c'que j'aurais été ? Eh bin, je m'aurais fait cocotte à Paris ; rien de tel pou gagner des sous...
- C'est pourtant vrai, c'que te dis là, mon pauv' Arsène. Les femmes-là, c'est les pus heureuses de d'sus terre. Ça boit, ça mange et toujou du bun ; ça va au théâte, au cinéma, tout partout où est-ce qu'on rigole. Y a un tas de foutues bêtes d'hommes riches qui leu-z'y en fourrent par tous les bouts. Pus qu'elles sont malines, pus qu'on leu-z'y donne : des beaux manteaux, des pendants d'oreille, des bagues, des bracelets. Faut tout d'même que les hommes soyent des rutes imbéciles.
- Mélanie, te n'y connais rien. Les femmes-là, c'est des belles personnes. Ça se lave des deux et tois fois par jour, ça se met de l'odeur, ça prend des bains de pieds, ça cause parisien et ça vous a des belles chambres. Ça n'est pas du tout a comparaître avé vous autes...
- Mâtin, on dirait bin que t'en as connu des donzelles-là !
- I ne tenait qu'à moi ; quand j'ai fait mon congé à Vincennes, y en avait une...
- Heu, j'te dis, te voudrais bin me le faire accoire. T'aurais été bin en peine, neume, menteur ! t'étais plutôt un peu godichun devant que de marier. C'est enco moi qui t'a dégourdi ! (L. Florentin).

Pages suivantes, dessin de Clément Kieffer.
- Ah ! Pour le coup, Fanchette, voilà une demande en mariage... !
- T'as raison, Polyte,... c'est le percepteur qui me demande en mariage pour avoir mes sous... !

AH ! PO L'CÔ, FANCHÈTE, VAL EUN' DEMANDE EN MÈRIÈGE.
M'DEMANDE EN MÈRIÈGE PO ÈWÉR MES SOUS......!

—— T'ÉS RAJON, POLITE,.....ÇAT L'PRÉCEPTEUR QUE

Bonjour, mon Qommandant

L'année 1912 était à son déclin ; on était aux regains. Le Claude Watrin retournait, d'un coup sec de râteau, des andains qui étaient particulièrement drus et finement parfumés. Ça et là ses yeux d'un bleu de faïence, qu'une casquette à large visière protégeait du soleil rasant de septembre, sur les coups de cinq heures de l'après-midi, ne pouvaient s'empêcher d'être fascinés par les taches violettes du colchique, particulièrement abondant, qui émaillaient la prairie le long de la rivière, en-dessous de Chambrey. Il quitta son travail un court instant, juste le temps de venir inspecter les eaux de la Seille. C'est tout juste s'il apercevait en quel sens elle poussait son courant gris et trouble. Et l'esprit de notre homme s'en alla ailleurs, en face, là où il allait quelquefois, c'est vrai, sans qu'on le lui interdise ; et il songea à son fils, qui portait l'uniforme à Metz où il faisait son temps. Que dire ? Que faire ? Cela ne durerait pas toujours...
Un bruit mat de sabots de cheval, répercuté par le sol qui se desséchait un peu plus chaque jour à la sortie d'un été qui avait été chaud, le fit se retourner. A petite distance de lui, maintenant, se profilait la silhouette d'un cavalier en uniforme : le Claude identifia tout de suite un commandant de cavalerie. Poliment, il ôta sa casquette, et salua l'officier qui était fort bel homme, non toutefois sans mettre dans sa voix une pointe de je ne sais quoi d'irrespectueux, d'un sonore et distinct :
- Bonjour, mon Commandant !
- Bonjour, mon bon ami, lui répondit l'homme à cheval.
Et il allait continuer son inspection le long de la rivière qui faisait, là, frontière entre la France et l'Allemagne, lorsqu'il se ravisa. Immobilisant son cheval, il questionna : « Au fait, mon bon ami, comment écririez-vous Commandant ? » Le paysan retira à nouveau sa casquette qu'il se mit à tortiller, curieusement ; il marqua un long silence. Puis, fixant droit dans les yeux son interlocuteur, il répondit : « Ecoutez voir en un peu, mon Commandant..., que je vous dise... ; comme on est plus Français, je l'écrirais pas avec un C ; comme on n'est encore pas Allemands, je l'écrirais pas avec un K ; mais comme on est Lorrains,... je l'écrirais avec un Q !... ».
Le commandant et son cheval avaient déjà rejoint la grand-route qui traversait le village ; le Claude Watrin s'était remis au travail qui pressait. La Seille se mit, lui sembla-t-il, à retenir encore davantage ses eaux qui restaient troubles et grises.

C'est à votre père

La Rose était dans l'église de bon matin, il faisait encore noir. Elle croyait être seule et disait sa prière tout haut : « Donnez-nous notre pain quotidien et une petite goutte [eau-de-vie] tous les matins ».
Un petit sonneur qui s'était caché derrière l'autel lui répondit d'une petite voix : « Vous aurez votre pain quotidien, mais pas de petite goutte le matin ».
La Rose croit que c'est le petit Jésus : « Taisez-vous, petit effronté, ce n'est pas à vous que je cause, c'est à votre père ». (L. Lavigne, traduit du patois).

C'est rien pour la gueule...

Il voulait un vélo. Il eut son vélo. C'était le petit « pounâ », de sa mère, le gâté, le « doudou », le « nânâ », le plus beau, le meilleur. C'était le petit préféré de sa mère, le dernier de la « nichée ». Elle lui acheta le plus beau vélo du « marchand de cycles » du bourg : guidon droit, freins à tringles, garde-boue en bois finement décorés de deux minces filets de peinture rouge sur fond jaune. Une merveille ! Un vrai bijou ! Sa mère le regarda partir pour le bourg, tout près, où l'on accédait par une route à la pente rapide terminée par une courbe tracée sous un pont de pierre à angle droit. Qu'à cela ne tienne : « J'ai de bons freins » avait-il clamé à sa tendre mère au moment des dernières recommandations de prudence. Tout se passa bien, sauf que dans ledit virage, la roue avant glissa sur du gravillon et le beau vélo tout neuf vint s'encastrer violemment dans le mur de soutènement du pont. Figure en sang, genou écorché, et... roue en forme de huit... Le gamin rentra claudicant, penaud, le beau vélo sur l'épaule.
La mère l'aperçut :
«- Mon fi, mais tu es blessé, tu saignes..., vite, faut appeler le docteur !
- C'est rien, maman, c'est rien pour la gueule, mais c'est la bécane... ».

Pages suivantes, dessin de Clément Kieffer.
- Il m'en faut deux douzaines... Est-ce qu'ils sont frais ?
- Ah ! Ben, je pense bien qu'ils le sont... Trois d'aujourd'hui... Trois d'hier... Dix-huit de... d'avant hier...

FANCHÈTE , SES TREUS POYE:

I M'EN FAUT DOUS DOZAINES ...... AT-Ç'QU'I SONT FRA
TREUCHS D'ECHEU... DIXJUTS DE...... D'VANT-ECHE

T L'COSSON.

——— AH BEUN' J'PENS'QUE L'SONT... TREUCHS D'AUJOH'U
. ÇÈ FA LES DOUS DOZAINES ....

Dogme

Un curé : - Quel jour est mort Jésus-Christ ?
Le Justin, étonné : - Je ne savais pas seulement s'il était malade.
Un curé : - Quel jour est mort Jésus-Christ ?
Le Saintin : - Je ne sais pas. Chez nous, on ne reçoit pas de journal.
Un curé : - Combien y a t-il de Bon Dieu ?
Le Jean-Remy : - Deux.
Le curé : - Non, mon petit, il n'y en a qu'un.
Le Jean-Remy, content de lui, à l'oreille d'un autre :
- J'ai mis bien près, n'est-ce pas ? Je ne me suis pas trompé de beaucoup.
(L. Lavigne, traduit du patois).

Du bon usage du pèlerinage

Ils s'aimaient bien. Très fort. Ils étaient mariés depuis cinq ans. Cinq longues années, ou malgré tous leurs efforts « soutenus » ils n'avaient pas pu avoir d'enfant. Elle, très pieuse décida : « On ira à Lourdes. La Sainte Vierge nous exaucera ». Ils allèrent à Lourdes. Neuf mois plus tard, un superbe bébé prenait place au foyer. Le miracle ! Un an plus tard, un second arrivait. Encore le miracle ! Le miracle se renouvela ainsi sept fois. Un enfant chaque année. « Il faudrait bien qu'on retourne à Lourdes, dit le mari fatigué, et demander à la Sainte Vierge que ça s'arrête ». Ils n'eurent pas le temps de reprendre la route des lieux saints. La Nature, toute seule, avait arrangé les choses. Ils avaient beaucoup d'enfants, ils étaient heureux. Ils s'aimaient toujours.

Elle n'a pas besoin de messe

L'Emile Gérard vient trouver le curé pour faire dire une messe à sa femme qui est morte voilà bientôt deux ans. Le curé le fait asseoir ; on cause un peu, puis l'Emile met les trois francs sur la table (c'était le prix à ce moment-là).

Tout à coup, en parlant de la morte, le curé se met à dire : « La bonne madame Gérard, elle est au ciel maintenant ».
L'Emile saute comme un ressort, râcle la table avec sa main droite, fait tomber les trois francs dans sa main gauche et les refourre dans sa poche en disant : « Bien ! si elle est au ciel, elle n'a pas besoin de messe ».
(L. Lavigne, traduit du patois).

Faut demander à des plus vieilles que nous...

Un dimanche après-midi à A..., dans un village proche de Nancy. Les vêpres sont finies. Trois jeunes « fillettes », déjà un peu en appétit de tendresse et de caresses, se promènent dans la grand-rue, claironnant leurs rires haut et clair, et parlant de tout et de rien... De l'amour aussi.
« Jusqu'à quel âge est-ce qu'on fait l'amour, s'exclame l'une d'entre elles ? ». Difficile à dire. Là, sur le pas de la porte d'une maison, à l'ombre, attendent, assises, silencieuses, je ne sais qui, je ne sais quoi,... trois vieilles femmes, toutes « crâpies » [à la peau ridée]... « On pourrait leur demander », suggère la deuxième. C'est la troisième, hardie en diable, qui se charge de la question. « Dites, s'il vous plaît, mesdames, à partir de quel âge qu'on ne fait plus l'amour ! » La réponse fuse comme une flèche : « Oh ! ma petiote..., faudrait peut-être demander à des plus vieilles que nous... ».

Histoire de bromure

« Par un beau matin de juin. Dans la rue du village éblouissant au soleil déjà chaud :
- Ça va, Jean ?
- Oui, mais c'est pas ça qu'est ça !
- Quoi donc ?
- On n'est plus si ardent... Le bromure qu'on m'a servi à l'armée il y a quarante-cinq ans commence à faire ses effets... »

Histoire de pédale

Il avait atteint la cinquantaine. Cela se passait dans les années 60. Il était « comme tout le monde, avait-il déclaré un beau matin à sa femme, je veux qu'on ait nous aussi une auto. J'en ai assez de mon vélo. Je vas passer mon permis de conduire ». Si tôt dit, si tôt fait. Il prit des leçons, beaucoup de leçons. Il apprit le code de la route par cœur. Il passa les épreuves pratiques une fois, deux fois, trois fois, quatre fois. Il rentra chez lui, à l'issue d'une cinquième tentative aussi malheureuse que les précédentes.
« - Mais enfin, Gustave, qu'est-ce qui ne va pas ; le moniteur t'en veut-?
- Pas du tout, Minette, tout irait bien, mais y a la pédale, la sacrée pédale de gauche, je peux pas m'y faire !
Le Gustave ne sut jamais s'y faire... Il reprit son vélo, son vieux vélo, qui n'avait pas de pédale... à gauche. »

Il fait chaud

Un beau dimanche de juin, l'après-midi. C'est la communion au village. Les parents, les parrains, les marraines, les cousins, sont à l'église, attendant la fin de la cérémonie qui dure, qui dure...Et l'on a soif... Et l'on est écarlate. Pourvu que cela se termine bientôt ! Il y a encore le sermon...
Monsieur le Curé monte en chaire. Sera-ce long ? « Mes bien chers frères, il fait chaud..., il fait chaud... ; mon Dieu c'qu'il fait chaud, mes bien chers frères... Mais il fait encore plus chaud en enfer. Faites tout c'qu'il faut pour ne pas y aller. C'est la grâce que je vous souhaite. Amen ».
(A.J..., canton de Montmédy, 55. Authentique).

Je ne dis pas...

« Arriverai jeudi 1er juin. Stop. Visite de votre paroisse. Stop.
Serai en gare à 10 heures précises. Stop. Signé : Monseigneur ».
Monsieur le curé reçut ce télégramme de son évêque avec joie, en même

temps qu'avec une légère inquiétude, mêlée cependant de fierté.
Ils décidèrent, sa bâbette Marie et lui de recevoir dignement le Prélat qui leur faisait l'honneur d'une visite particulière. Chose exceptionnelle. On mettrait les petits plats dans les grands.
A 10 h précises, le 1er juin, son Excellence descendait de l'omnibus qui stoppait en gare de Neuville-sous-les-Ponts. Monsieur le Curé attendait, rayonnant, mais anxieux cependant à l'idée qu'il n'allait peut-être pas traiter son évêque comme il le méritait. L'examen des *Actes paroissiaux*, au presbytère, ne fut qu'une formalité. La conversation touchant aux affaires de pratique religieuse et de fréquentation des sacrements ne fut que banalité. Les occupations sérieuses commencèrent lorsque l'on passa à table. Dieu ! que cette table était belle, dressée dans la « belle chambre-» dont la fenêtre ouverte sur le jardin en fleurs laissait pénétrer un soleil généreux. Déjà d'été. La bâbette, toute de blanc vêtue, s'empressait... Elle avait tiré de la vieille armoire de chêne qui fleurait bon l'odorante cire d'abeilles tout ce que ce meuble vénérable recélait de plus rare et de plus somptueux : nappe, serviettes, vaisselle, verres, carafes. Et par-dessus tout, étalant sa grâce longiligne, brillant de tout son éclat, une superbe louche en argent, au manche incrusté de trois perles... Un vrai bonheur !
Monseigneur apprécia. Les mets étaient délicats. Les vins judicieusement choisis. Le service parfait. On n'oublia rien. Le café, le pousse-café, la « rincette ». Son Excellence remercia, félicita une Marie rougissante de plaisir. Et reprit un train qui crachait irrespectueusement sa noire fumée de charbon, en tout début de soirée. Lorsqu'il quitta son curé et se retourna du haut de la dernière marche de son wagon de première classe pour lui faire un dernier geste d'amitié, un je ne sais quel sourire indéfinissable plissait le coin de ses yeux. Contentement ? Malice ? Allez savoir. Monsieur le curé regagna la « maison de cure » heureux, cette fois. Franchement heureux : tout s'était admirablement passé. « On rangera la maison demain matin », décréta la Marie.
Mais voilà... Le lendemain matin, sur une table désolée et toute défraîchie, on n'apercevait plus la louche : « Ma louche ! ma louche ! allait se lamentant monsieur le curé, on m'a pris ma louche !... Ma toute belle louche ! Ma si belle louche ! La si belle louche, cadeau de ma maman ! Où est ma louche ? ». De louche, point ! Qui avait bien pu la prendre ? Une si belle louche au manche incrusté de trois perles ! Qui ? Sournoisement, mais sûrement, lentement, de plus en plus nettement, l'idée prit corps que cela pourrait bien être Monseigneur. « Mais non.

Ce n'est pas possible. Un si saint homme... Pour quelle raison aurait-il pu commettre pareille indélicatesse ?... ». Il fallut se rendre à l'évidence, cela ne pouvait être que lui... Monsieur le curé prit sa plus belle plume et adressa ce bref et angoissé message à son évêque : « Excellence. Ma toute belle louche, vous savez bien, celle que vous avez tant admirée, a disparu. Je ne dis pas, Monseigneur, oh ! non, je ne dis pas, Dieu m'en garde, que vous auriez pu..., non, non, je ne le dis pas..., l'emporter hier. Je ne dis pas, non, absolument pas, je ne dis pas que c'est vous... Mais, si c'était vous, Monseigneur, de grâce, veuillez me la renvoyer, ma louche, ma toute belle louche... Je vous en remercie vivement. Votre très humble et dévoué curé, Théodule Trombone ».
Trois jours plus tard, monsieur le curé recevait la réponse suivante :
« Monsieur le curé. Je ne dis pas, oh ! non, je ne dis pas, Dieu m'en garde, que vous ne passez pas vos nuits dans votre lit..., non, non, je ne le dis pas..., mais si vous y couchiez, vous vous seriez immédiatement aperçu que votre louche, votre toute belle louche, votre si belle louche y était, vous attendant. C'est moi qui l'y ai mise, animé des meilleures intentions. Croyez, cher monsieur le curé, et bien cher fils, à l'assurance de mes meilleurs sentiments. Votre évêque, Callixte ».

Je ne suis pas plus avancé pour autant

1928. L'arrière grand-père Jules L. qui vient d'atteindre ses quatre-vingt-deux ans agonise sur son lit. Sa femme est morte en mettant un enfant au monde, il y a presque cinquante ans. Il a vécu seul, à proximité de ses deux filles Marie et Clémentine qui adorent leur père.
L'arrière grand-père Jules se plaint, en patois : « Je vas mouri, je vas mouri..., qué malheur, qué grand malheur ! » Ses deux filles essaient de le consoler. L'une d'elle, croyant bien faire, avance timidement, en français :
« - Mais papa, vous ne devriez pas vous plaindre. Vous avez eu de la chance de vivre si longtemps. Regardez, maman, v'là cinquante ans qu'elle est déjà morte..., vous ne devriez pas vous plaindre
- V'avez bin facile de m'dire ça, i faut que j'mouri quand même, je ne su'm pus avanci pou autant.
Et l'arrière grand-père mourut effectivement le lendemain, il fut sincèrement pleuré par ses deux filles. Tout le village l'accompagna en terre... »

Je veux qu'on lui recolli la heure...

Ils n'ont eu que cet enfant-là. Sur le tard. Aussi est-il outrageusement gâté. Cela se passait vers 1900, à l'époque où l'on parlait encore patois, y compris les enfants, avant de fréquenter l'école où le maître d'école apprenait le français. Rien n'était trop beau pour ce sacré gamin de cinq ans qui répondait au joli prénom d'Amédée. C'est vendredi, jour maigre. Le marchand de poisson est passé, et l'on a acheté pour le Médé un... hareng :

« - J'veux m'hareng, j'veux m'hareng..., trépigne le gosse, tout d'suite

- Mais, il n'est que dix heures, v'larez [vous l'aurez] à midi.

- Non, j'veux tout d'suite... »

La mère, l'Hortense céda : « V'nez à table, mon biquet ». Le Médé s'assit : « I manque quéqu'chose, à mon hareng. I manque quéqu'chose... J'veux pas l'manger comme ça.

- Qu'est-ce qui li manque ?

- J'veux qu'on li r'colli la heure [tête] ! »

Il voulait, le chérubin, que l'on « recolle » la tête à son hareng !

L'arrivée de Monseigneur

C'était le lendemain des premières communions. Monseigneur allait donner la confirmation à Gerbéviller en passant par Fraimbois.

Les membres du conseil municipal au complet étaient sur le pont de la rivière pour voir passer le char [char-à-bans, calèche] de Monseigneur. Ils avaient mis leurs plus belles capotes, leurs redingotes et leurs chapeaux hauts-de-forme. Le maire était en tête, rasé de frais, avec une belle blanche chemise.

En attendant l'arrivée, comme il faisait chaud (c'était au mois de juillet), ils se déshabillent tous comme des jocrisses [pantins] et prennent un bain dans la rivière.

Tout d'un coup, un gamin qu'était sur la route pour faire le guet, s'écrie : « Voilà Monseigneur, hâtez-vous, hâtez-vous ! Le voici qu'arrive ! ».

Ils sortent de l'eau en se mettant à la recherche de leurs capotes et de leurs culottes ; mais ils n'en ont pas le temps. La voiture arrive au grand galop.

E. Bastien, libraire-édit., 24, rue Germain-Charier, Lunéville — Reproduction interdite

CONTES DE FRAIMBOIS

L'Arrivée de Monseigneur.

Çatô lo lennedemain des premières communions. Monseigneur allô béyi lé confirmâtion e Gerbieller en pessant pa Frïmbô.

Toute lo conseilhe municipal ato su lo pont d'le r'vire po vôre pesser lô ché d'Monseigneur. L'avin mis zeue plus belles capôtes zoue rochats et zoue boisseaux. Lo Maire atô en tête, résé to frahe, avo eune belle bianche cheminhe.

En ettendant l'errivée, comme i fiô chá (çato â mois de juliet), i s'dépratont toutes comme des jôcrusses et i prenont ïn bain dans lè r'vire.

To d'in cô, eune rèce qu'atô su lé route po survailli crie : « Vai Monseigneur, bétève bétève ! Le vaçe qu'errive ! »

I sortont d'laoue en cherchant zoue capotes et zoue tschulottes, me i n'en nomme evu lo temps. Lé ouéture errive à grand galop.

« Fiè toutes comme meu, que di lo maire è ses conseilli ! »

I s'matton su lo pont, tchu to nu. I n'en n'avô quïnque qu'avô eune panette. Ah ! mes affants, sé fiô ïn bé cádre, allez !

Lo maire commence in pia discours, mais val que lé mâchance s'en mâle : eune guèpe vïnt lo pitcher sur lé tcheuhe ! I s'beye alors in grand cô su lé tcheuhe po chessi lé mohe. Les conseilli en fiont toutes athant (pisque lo maire lé z'y avô di d'faire comme lu !)

« Mais, ça des possédés, que crie Monseigneur, en ouéyant zoues bodates é l'air, mon Dieu, mon Dieu, lo diape a é Frïmbô. » Et lo pore hôme, en framant les eûyes, dit des oremus po chessi lo démon ! !

« Faites tous comme moi », que dit le maire à ses conseillers !
Ils se mettent sur le pont, cul tout nu. Il n'y en avait qu'un qu'était en panneau de chemise. Ah ! Mes enfants, ça faisait un beau tableau, allez !...
Le maire commence un petit discours, mais voilà que la malchance s'en mêle : une guêpe vient le piquer sur la cuisse ! Il se donne alors un grand coup sur la cuisse pour chasser la mouche.
Les conseillers en font autant (puisque le maire leur avait dit de faire comme lui !).
« Mais, c'est des possédés, que crie Monseigneur, en voyant leur bodatte [nombril] à l'air ; mon Dieu, mon Dieu, le diable est à Fraimbois ». Et le pauvre homme, en fermant les yeux, dit des oremus pour chasser le démon !! *(Les Contes de Fraimbois).*

L'enfant impoli

Le curé de Montzéville allait à Samogneux. A la sortie de Cumières, il veut prendre la traverse de Regnéville, mais il ne la connaît pas trop bien. Par bonheur, à la sortie du village, il passe près d'un petit qui garde ses

vaches. « Pardon ! mon petit ! dit le curé, pourrais-je trouver facilement le sentier de Regnéville ? »
L'enfant, sans s'étonner, sans même enlever sa casquette, dit bonnement : « Mais ! oui ! M'sieu le curé, voyez-vous bien l'arbre qui est là-bas ? C'est le poirettier ; une fois-là, vous verrez un petit sentier ; il tombe juste à Regnéville ».
Le curé, content du renseignement, trouve pourtant drôle que l'enfant n'ôte pas sa casquette. Il cherche le moyen de lui montrer qu'il n'est pas trop poli et lui donne dix sous. « Merci, M'sieu le curé », dit le petit sans se découvrir.
A la fin, le curé lui dit :
« - Mais, mon petit ! qu'as-tu donc sur la tête ?
- Eh bien, M'sieu le curé, si vous ne voyez pas que c'est ma casquette, ce n'est pas pour voir le poirettier qui est là-bas, bien loin ! »
(L. Lavigne, traduit du patois).

L'héritement de la tante Ursule

La tante Ursule de l'Arsène est morte la semaine dernière ; elle avait dans les quatre-vingts et se gouvernait enco toute seule. Depuis que nous sommes mariés, mon homme me disait toujours : « Quand la tante Ursule mourra, on fera un petit héritement ».
Nous v'là dun partis tous les deux à l'enterrement, dans le Haut-Pays ; c'est pire que d'aller à Paris, ça n'en finit pas. En arrivant, v'là qu'on se trouve avé tous les cousins et cousines. Y en avait de Apponcourt, de Soulosse, de Maxey, de Gerauvilliers, de tout partout.
« - Jamais de la vie, que me dit l'Arsène, si on partache avé tout ça, grande aventure que nous pourrons tout remporter dans un mouchoir. C'était pas la peine d'attendre si longtemps.
I n'hériteront pas tous, va, que je me pense ; les scellés sont mis, est-ce qu'on peut dire à l'avance ? Nous v'là dun tous partis derrière la pauv' chère femme ; y en avait pas un pou pleurer, vous pensez bin. Une fois qu'on a dépassé les quatre-vingts, on est mieux en terre qu'en pré, comme disait défunt papa.
Après l'enterrement, on a revenu à la maisun pou dîner. La Phrosine Mauchauffé, qui était censément la femme de confiance de la tante

Ursule, avait fait la soupe et pis du lapin au sang ; tout ça, à compte su la successiun. On avait déjà mangé le bouilli, quand v'là le notaire qui arrive et qui nous raconte que la tante avait tout donné à la commune, à vendre et à dépendre. J'ai bin cru que l'Arsène allait tomber du haut mal.
I me regardait avec des yeux gros comme le cul de not'chaudron.
« - Bin, qui dit, ce n'était pas la peine de se déranger. Je n'aurais jamais cru ça de ma tante Ursule. Pour un tour, c'en est un. »
Tous les autres pensaient comme lui, mais i n'osaient rien dire.
Je vous fiche mon billet que le lapin a resté su les assiettes.
En nous en retournant, je dis à l'Arsène :
« - T'avais dit, en venant, que t'avais du regret de ne pas seulement avoir apporté un bouquet, qu'on achèterait une couronne à Commercy et qu'on la porterait en allant chercher not' part de mobilier...
- Veux-tu bien te taire, foutue bête, une couronne... une couronne, du moment que l'héritement nous passe devant le nez, la vieille garce s'en passera ! » (L. Florentin).

L'homme qui ne craint pas sa femme

Mosseur Curé de Fraimbois était en prêche le deuxième dimanche de Carême. Il commença comme ça :
« Hominibus, mulieribus, si les femmes ont des puces, les hommes sont des jocrisses... [pantins] C'est pour les hommes, mes chers frères, que je parle de ce moment-ci. Tous, les uns après les autres, craignent leurs femmes, et ils ne craignent pas le Bon Dieu... En vérité, mes chers frères, je vous le redis, il n'y a pas un homme à Fraimbois qui ne craigne pas sa femme. Si vous en connaissez rien qu'un seul, l'autre-là n'a qu'à venir demain à la maison de la cure, je lui donnerai une belle bande de lard ! Ainsi soit-il ! ».
Le lendemain, le Grand Zidore, jeune marié avec la Modestine Brégeot, arrive chez mosseur Curé :
« - Mosseur Curé, qu'il dit, je ne crains pas ma femme, et je ne l'ai jamais crainte ; je viens pour demander la bande de lard que vous avez promise, hier, en prêche.
- Sacré Zidore, va ; vous n'êtes pas un blanc bonnet [femme, ici péjoratif]

comme les autres, vous, au moins ; vous êtes un homme, et vous portez la culotte à la maison. Eh bien ! voilà la cheminée, montez à l'échelle, et vous descendrez la bande de lard.
- Entendu, mosseur Curé, que répond bien content le Zidore. »
Alors, le Zidore retire sa belle blouse neuve et sa casquette :
« - Pour quoi faire que vous ôtez votre blouse et votre casquette, donc, Zidore, que demande mosseur Curé... ; ce n'est pas la peine.
- Mais si, mosseur Curé ; il y a des saletés, des toiles d'araignées dans votre cheminée... ; eh bien !, qu'est-ce que dirait ma femme, si je rentrais avec une noire blouse et une sale casquette !
- Ah, truand [fainéant], que dit alors mosseur Curé ; ah, menteur, tu m'as dit que tu ne craignais pas ta femme ; tu es bien une câcatte [bavarde] comme les autres... Va-t'en, va-t'en, tu ne mangeras encore pas mon lard ce coup-ci... Quand il y aura une place à la congrégation de mes vieux sotrés [lutins, sorciers, s'applique ici aux femmes], j'irai te chercher, foutue bête. » *(Les Contes de Fraimbois).*

Contes de Fraimbois.

L'HOMME QUI NE CRAINT PAS SA FEMME

Mosseur Curé de Frïmbô atô en prâche lo douzime diminche de quouérâme. I commence enlet :

— Hominibus mulieribus, si les fômes ont des puces, les hômes sont des jôcrusses... Ç'a po les hômes, mes chers frères, que je pèle di moment çeu.... Toutes, les ïnques éprés les âtes, dotont zoue fômes et i n'dotôme lo bon Dieu... En vérité, mes chers frères, je vo l'erdis : i n'ème ïn hôme de Frïmbô qui ne dotéhe meu set fôme. Si v'en enahez ïn très seûle, l'atète n'é qu'é veni demain é let mâhon de tchure, je l'y béré eune belle bande de lerte ! Ainsi soit-il ! »

Lo lennedemain, lo grand Zidore, jagne mérié avo let Modestine Bregeot, errive chez mosseur Curé.

— Mosseur Curé, qu'i dit, je n'dote meu met fôme et je ne l'é jémé doté... je vïn v'demander let bande de lerte que vé promis, hier, en prâche.

— Sacré Zidore, vé ! v'n'atême ïn bian bonnat comme les âtes, vo, à moins ; v'atez ïn hôme et v'poutchez let tchulatte dans lo minége... Eh ben, vale let cheumnéye, montez let hâle et v'déhendrez let bande de lerte.

— Entendu, Mosseur Curé, que rapond bïn content lo Zidore.

Alôrs lo Zidore rôteure set belle blouse et set nuve casquette.

— Po'chié fère que v'rôtez vote blouse et vote casquette, donc, Zidore, que demande Mosseur Curé.... Ç'nam let pouène.

— Mè sia, Mosseur Curé ; i n'é des ouétineréyes, des z'érentôles dans vote cheumnèye... eh ben, qu'âsque dirô met fôme si je rentrô avo eune nôre blouse et eune ouète casquette !

— Ah, trouand, que dit alôrs Mosseur Curé, ah, mentou, te m'ai dit que te n'dotôme té fôme... t'a bïn eune câcatte comme les âtes... vé-t-en, vé-t-en... te n'mingerême ca mo lerte lo cô çeu.... Quand i n'é et eune pièce é let congrégâtion de mes vieux sotrés, je te vrè quouéri, foutue bête !

L'œuf de poulain

I - Il y avait une fois un homme de Fraimbois qu'était au marché de Lunéville ; il vit de toutes grosses citrouilles ; mais il ne savait pas qu'est-ce que c'était. Alors, il a demandé à un monsieur de Lunéville qui passait : « Qu'est-ce que c'est que cela, monsieur ? ».
Le monsieur, qui le voyait un peu nigaud, lui dit :
- C'est des œufs de poulain.
- Comment est-ce qu'on fait pour avoir un poulain comme cela ?
Le monsieur lui dit : « On prend un œuf, on le fait couver quatre semaines par une vieille femme ; puis il sort un petit poulain ».

II - L'homme de Fraimbois songea tout seul : « Voilà bien mon affaire, nous avons chez nous ma vieille belle-mère qui ne fait plus rien, nous la mettrons couver ».
Puis il marchanda une citrouille qu'on lui laissa pour un petit écu. Il était bien joyeux en rapportant sa citrouille à Fraimbois, et il dit à sa femme : « Nous allons mettre couver ta mère qui demeure assise toute la journée, et qui ne fait plus rien que de grogner ; puis nous aurons avec cela un beau petit poulain ». Voilà la vieille femme-là qui couve, qui couve toute la journée, et encore la nuit.

III - Au bout de quatre semaines, il n'y avait encore point de poulain.
Ils attendaient toujours, et la vieille femme couva encore quatre semaines. Puis après l'homme dit à sa femme : « Ta mère est une manre [mauvaise]couveuse, ou bien nous sommes tombés sur un manre œuf ».
Le voilà qui prend la citrouille et qui va la jeter dans une haie. Mais, il y avait alors un lièvre dans la haie, qui se sauva. L'homme voyant la petite bête-là qui se sauvait, dit « Oh-! voilà mon poulain qui f... le camp ! Quelle malchance ! » Puis il cria tant qu'il put : « chourri ! chourri ! venons, petit, du côté de Fraimbois ! ». Mais le lièvre ne revint pas.
(*Les Contes de Fraimbois*)

E. Bastien, lib.-édit., 24, rue Germain-Charier, Lunéville

1. – L'Œuf de Poulain

(En Patois d'Einville-aux-Jars)

I n'y avôt eunne foué in hôme de Frimbeau qu'atô à merchi de L'ninville et qu'voyé des tot grosses cahônes, mès i n'savôt qu'ast-ce-que ç'atôt et i demandé à in Monsu de L'ninville qu'pessôt : qu'ast-ce que c'ast de c'lè, Monsu ?

Lo Monsu qu'lo voyait in pô nigâd, li d'hé : c'ast des ûs de polain.

po aoué in polain avo c'lé ?

Lo Monsu li d'hé : on prend in û, on le fèt cover quouette semaines pa eune vie fôme : pus i sate fue in piat polain.

Contes de Fraimbois.

E. Bastien, librairie-édit., 24, rue Germain Charier, Lunéville

2 – L'Œuf de Poulain.

L'hôme de Frimbô chongè tot pér lu : val bin m'n effaire, j'ons chin nos mè vie belle-mère que n'fèt pus rin, j'lé mattrans cover. Pus i marchandé eune cahône qu'on li layé po in piat étchu.

L'atôt bin jayoux en rappouquant sè cahône à Frimbô, et i d'hé ô sé fôme : je vons matte cover tè mère que d'mouère ahhute totte lè jonaiye et qu'nfèt pus rin que d'groler, pus j'érans avo c'lè in bé piat polain. Val lè vie fôme-lè que côve, que côve totte lè jonaiye et ca lé nauye.

Contes de Fraimbois.

E. Bastien, librairie-édit., 24, rue Germain-Charier, Lunéville.

3. – L'Œuf de Poulain

A bout de quouette semaines, i n'y avôt ça pouint d'polain. L'attendinza tojo, et lè vie fôme covot ça quouette semaines. Pus èprès, l'hôme d'hé è sè fôme : té mère ast eune manre coverasse, ou bin qu'j'sons cheu sus in manre û. Lo val que prend lé cahône et qu'vè lè ch'ter dans eune haiye. Mès i n'avôt za in livrâ dans lè haiye que s'savé. L'hôme quand i voyé lè piate bète'lè qu'savôt, d'hé : oh ! val' mon polain qu'f... lo camp ! qué mâ chance ! Pus i crié tant qu'i pouvôt : chouri ! chouri ! venans petiat ! du côté de Fraimbô ! Mès lo livrâ ne rr'vime.

Contes de Fraimbois

La confession du Coliche

E. Bastien, lib-édit., 24, rue Germain-Charier, Lunéville

Contes de Fraimbois.

LA CONFESSION DU COLICHE

Lo venrdi d'avant Quasimodo, lo Coliche atô é confesse. Mosseur Curé, dans set piatte calougeatte, se hêto de beyï ses absôlutions pasque on l'ettendô é Saint-Tcheumat ouasque ç'atô l'Adorâtion perpétuelle.

— Hètêfe, Coliche, hètêfe... qui disô é mon innôcent.

— Mosseur Curé, j'è ca pris di train à Batisse, dans so pré, tot prèche di rupt de Gerbieller.

— Combîn d'bottes que v'li en é pris?

— Oh! je n'nose lo dire, Mosseur Curé!

— Ç'a-t-i trente bottes?

— Oh, nenni!

— Ç'a-t-i soixante?

— Oh, meu tant, Mosseur Curé... mè, mattez si v'velez qu'j'y en è pris eune charratte; je v'rons avo met fôme quouéri lo restant let neut çeu!

Le vendredi d'avant Quasimodo, le Coliche [Nicolas] était à confesse. Mosseur Curé, dans sa petite calougette [baraque, maisonnette], se hâtait de donner ses absolutions parce qu'on l'attendait à Saint-Clément où est-ce que c'était l'Adoration perpétuelle.

« Hâtez-vous, Coliche, hâtez-vous... », qu'il disait à mon innocent.

- Mosseur Curé, j'ai encore pris de la paille au Batisse [Jean-Baptiste], dans son pré, tout près du ruisseau de Gerbéviller.

- Combien de bottes que vous lui en avez pris ?

- Oh ! Je n'ose le dire, Mosseur Curé !

- C'est-ti trente bottes ?

- Oh ! Nenni.

- C'est-ti soixante ?

- Oh ! Pas tant, Mosseur Curé... ; mais, mettez, si vous voulez, que je lui en ai pris une charrette ; nous irons avec ma femme chercher le restant la nuit-ci ». [Paraît invraisemblable. A Quasimodo, on ne fait pas la moisson ; à moins qu'il ne faille comprendre qu'il s'agit d'un tas de paille entreposée dans le pré du Batisse, depuis la moisson précédente].

La femme qui se noie

1 - Un homme de Fraimbois était marié avec une femme qu'était méchante, pire que le diable ; elle faisait toujours le contraire de ce qu'il demandait ; c'était une manre [mauvaise] bête, une vraie poison, quoi !
Une fois, son homme lui dit :
« - Nous en avons-ti de la chance, tout de même, Minette, d'avoir une si bonne vache, je pense bien que nous ne la vendrons jamais !
- Justement, je veux la vendre tout de suite, que lui répond sa femme ! »
Ils s'en vont au marché.
Une fois la vache vendue, l'homme dit à sa femme :
« - Voilà tous les autres qui vont manger à l'auberge, Minette, nous ne voulons pas faire comme eux, n'est-ce pas donc, pour dépenser nos sous ?
- Justement, je veux y aller, que lui répond la sale traînarde. »
Ils vont à l'auberge ; ils mangent, et quand leur ventre n'a plus fait de plis, l'homme dit à sa femme :
« - Nous pouvons bien nous en retourner à Fraimbois, à cette heure, sans prendre le café ni la bière !
- Justement, je veux prendre le café, le pousse-café, la bière et un petit chasse-bière après, que lui répond la gourmande. »
Quand tout cela a été avalé, ils s'en revont à Fraimbois. La femme était un peu titubante (c'est bien fait, au moins, la peute [sale, vilaine] bête).

Contes de Fraimbois.

1. — LA FEMME QUI SE NOIE

In hôme de Frïmbô atô mérié avô eune fôme qu'atô méchante, pire que lo diape; elle fiô tojo le contrère de c'qui d'mandô; ç'atô eune manre bête, une vraie poison, quoué !

Eune foué, son hôme l'y dit : « J'en ty d'lé chance to d'même, Minette, d'aouet eune si bonne véche. Je chonge bïn que je n'lé vendrons jémè ! »

— « Justement, j'vue lé vendre tout de suite, qu'ly rapond sé fôme ! »

I s'en vont on merchi.

Quand lé véche ettue vendue, l'hôme dit é sé fôme : « Val toutés les âtes que vont d'juner é l'auberge, Minette, je n'velames faire comme zou, nemé donc, po dépenser nos sous ? »

— « Justement, je vue z'y aller, qu'ly rapond lé tricandéne ! »

I vont é l'auberge : y d'junont et quand zoute vente n'é pu fé d'plis, l'hôme dit é sé fôme : « J'pouvan bïn no zén r'toner é Frïmbô, é c'thoure, sans panre lo câfé ni lé bière ! »

— « Justement, je vue panre lo câfé, lo pousse-câfé, lé bière et ïn piat chesse-bière eprès, qu'ly rapond lé sujette ! »

Quant toute çelé ettu évélé, l'en r'vont é Frïmbô. Lé fôme atô ïn pô tournisse (ça bïn fé à moins, lé peute bête !)

2 - Il fallait passer le long de la rivière. Sur le bord, des enfants se balançaient sur une planche qu'était mise en travers sur de gros morceaux de bois. L'homme, contredit qu'il était par sa femme, se dit :
« - Attends, va, saprée [permet d'éviter sacrée, considéré comme blasphématoire] garce !... Dites donc, ma femme, nous n'allons pas nous balancer comme les enfants-là ?
- Justement, je veux me balancer, que lui répond sa femme !
- Ne vous mettez pas du côté de la rivière, que lui dit son homme, vous pourriez tomber dedans et vous noyer !
- Justement, je veux me mettre du côté de la rivière, que lui répond sa femme, parce que du côté-là, c'est plus bas, et j'irai plus haut en me balançant ! »
Il la laisse faire ; ils se balancent, et au bout de quelque temps, la femme qu'était fin saoûle tomba dans la rivière, au beau mitan.
L'homme remonte la rivière en courant et en criant. Des gens qu'arrachaient des pommes de terre lui demandent ce qui se passe :
« - C'est ma femme qu'est tombée à l'eau, elle va se noyer !
- Mais, que lui disent les gens, il faut la chercher en-dessous [en aval] ; vous, vous la cherchez en remontant la rivière.
- Oh ! vous ne la connaissez pas, mes pauvres gens, elle fait toujours le contraire des autres ; elle a bien pu remonter le courant au lieu de le descendre. » *(Les Contes de Fraimbois).*

Contes de Fraimbois

2. — LA FEMME QUI SE NOIE

I fallô pesser lo long d'lé r'vire. Su lo bord, des affants se chargantîn su eune planche qu'atô mise en trévé su des grosses pièces de bô. L'hôme, débrûté qu'latô pa sé fôme, se dit : « Ettends, vé, saprée garce !... Dehez donc, mé fôme, j'nallâme no charganter comme les affants lé ? »

— « Justement je vue m'charganter, qu'ly rapond sé fôme ! »

— « Enne vo matême di côté d'lé r'vire, qu'ly dit son hôme, v'pourrîn cheurre dedans et v'nayî ! »

— « Justement, j'vue me matte di côté d'lé r'vire, qu'ly rapond sé fôme, pasque di côté lè, ça pu béhe et je vrai pu hâ en m'chargantant ! »

I lé léye faire : i s'chargantont et à bout de tchièque temps, lé fôme qu'atô bonne et saoûle, cheu dans lé r'vire à bé mitan.

L'hôme ermonte lé r'vire en corant et en criant. Des gens que rayîn des peumes de terre li d'mandont çou que s'pesse : « Ça mé fôme qu'a cheute é l'aoue, elle vé s'na ï ! »

— « Mais, qu'ly d'hont les gens, fâ lé quouéri en dezo : vo, v'ié cherchez en r'montant lé r'vire ! »

— « Oh ! ve n'lé cnahez, mes pores gens, elle fè toj lo contraire des âtes, lé bîn pouvu ermonter lo corant à lieu d'lo déhente ! »

E. Bastien, libr.-édit., 24, rue Germain-Charier, Lunéville - Reprod. interd

La hotte

Le Charles Lamarre rentrait à Bethincourt sur sa vieille voiture qui n'avait qu'une botte de paille comme banc. Sur la route, il dépasse le père Périn qui allait bien loin dans le ban, avec une grosse botte de liens sur sa hotte.
« - Montez donc, père Périn ! »
Le vieux monte, s'assied sur la paille, gardant sa hotte au dos. Comme il était mal assis, la hotte allait en arrière et lui coupait les épaules.
Au bout d'une demi-heure, comme on montait la côte tout doucement, le vieux soufflait de pis en pis. Le Charles lui demande :
« - Dites donc, père Périn, pourquoi n'ôtez-vous pas votre hotte ?
- Mais, c'est pour ne pas charger le cheval. » (L. Lavigne, traduit du patois).

La multiplication des pains

Le curé prêche sur le miracle de la multiplication des pains. Il se trompe :
« Oui ! mes frères, avec 7 000 pains et 7 000 poissons, Jésus-Christ a nourri 7 personnes ».
Le Polyte, qui écoutait bien, se met à dire presque tout haut : « J'en ferais bien autant ».
A la fin de la messe, le curé le dit au bedeau :
« - Ce n'est pas drôle, Monsieur le curé, vous vous êtes trompé ; vous avez dit que Jésus-Christ nourrissait 7 personnes avec 7 000 pains.
- C'est bon, je le rejoindrai dimanche. »
Le dimanche d'après, le curé explique qu'il s'est trompé et raconte le miracle exactement.
Le Polyte, de sa place :
« - J'en ferais bien autant.
- Comment, dit le curé, vous nourririez 7 000 personnes avec 7 pains et 7 poissons ?
- Oui, avec ce qui restait de la semaine dernière ». (L. Lavigne, traduit du patois).

La Pétronille se remarie

C'est une paysanne qui parle :
- Oui, mossieu le maire, la Pétronille Brâyot se remarie. Oh ! Ne rigolez pas comme ça. Vous n'êtes guère honnête [poli], là !... Il n'y a si vilain pot qui ne trouve son couvercle, vous savez bien. Et je viens vous demander de publier nos bans... ; avec qui ?... Vous êtes bien curieux. Je parie que vous ne devinerez jamais. C'est bon, je vous le dirai tout-à-l'heure.
Ça m'amuse de vous faire tirer la langue, ouais !
Y a bien fallu me décider. J'étais lasse d'envoyer promener tous les manres [mauvais] drôles-là. Vous me coirez si vous voulez, mossieu le maire, quand je n'avais pas le sou, j'étais tranquille dans mon coin, je ne voyais pas âme qui vive. Mais depuis que j'ai gagné le gros lot, j'ai de la visite, allez, je ne manque pus d'amateurs. Je n'avais que l'embarras du choix pour me remettre en ménage. Ils étaient toujou tois quatre pendus après mes jupes. Les vieux, les jeunes, les malins, les bezons [bêta, lourdeau], ils me faisaient tous les yeux doux comme si je serais revenue une belle jeunesse, les cornichons ! Et pourtant j'ai toujou mes soixante ans et ma figure crâpie [ridée] comme une vieille pomme. Mais qu'est-ce que les gens ne feraient pas pour de l'argent, dites ? C'est dégoûtant tout de même !
Ma foi, j' m'ai dit comme ça : Pétronille, ma fille, maintenant que tes deux bacelles [filles] sont mariées et que te v'là toute seule, pourquoi que te ne penserais pas un peu à toi ? C'est vrai, je suis enco présentable, nemme [n'est-ce pas] donc, mossieu le maire ? Je me tiens toujou raide comme la justice et on ne me donnerait jamais mon âge. Un estomac d'autruche, un ratelier tout neuf, pas un cheveu blanc, et je peux enco lire ma messe sans lunettes. Si je n'avais pas la grosse gorge et le bougre de poreau-là [poireau, verrue] au bout du nez, je serais enco une des plus belles du pays.
Le tout était de bien choisir... parce que, écoutez-voir que je vous dise, mossieu le maire, quand on a été prise une première fois, on ne se laisse pas attraper une deuxième, ou alors on est une fichue bête, hein ?
Ce n'est pas que mon premier était mauvais, non ! Un peu soupe au lait, le Coliche, mais le dos tourné il n'y pensait pus. Qu'est-ce qui n'a pas ses défauts ? Oh ! Il était tout de même trop nice [grognon], trop reprenant [qui fait des reproches]. On aurait dit qu'il avait des yeux jusque derrière la tête. C'est embêtant, allez, les gens qui fourrent leur nez partout. Je

sais bien que je suis un peu haltata [hurluberlu], moi, ça c'est vrai, mais je n'ai jamais rien eu à cacher, j'ai toujou tout fait au grand jour, hein donc, mossieu le maire ?... Aussi plutôt que d'en avoir encore un qui voye trop clair, j'aurais mieux aimé prendre un borgne ou un zezoeil [qui a mauvaise vue].

Il ne décessait pas de me crier, le Coliche : « Pétronille, t'as pas refait le lit comme il faut, toute la couverture est de ton côté ; Pétronille, ton lait s'ensauve, fais donc attention. Le verre-là n'est pas rincé. Le chat a enco été sous l'ormoire. Te n'as pas de nez, donc ? Pétronille ? V'là enco les souris qui ont fait leurs petits sous notre duvet [édredon]. Pétronille chasse donc les sales mouches-là qui sont sur la toile cirée, on ne voit plus le portrait de la Tour Eiffel. Mets donc des jarretières, t'as des bas en tirebouchon. Boutonne ton casaquin [corsage], il ne faut montrer son cou que le dimanche, quand on se lave. Pétronille, t'as enco pris le peigne fin pour faire les raies du beurre, te sais bien qu'il faut prendre le gros ». Et patati et patata, ça n'en finissait pas.

Il y avait de quoi devenir maboule avec un Coliche comme ça...

Quoi ? Qu'est-ce que vous dites, mossieu le maire ?...

Alors pourquoi que je me remarie ?... Vous avez peut-être raison, mais c'est bon, allez, j'ai fait attention pour que le deuxième ne soye pas un pareil que le Coliche.

Ecoutez-voir que je vous raconte. Le premier qui a voulu me ravoir, c'est le cosson qui vient ramasser les œufs du village toutes les semaines, vous savez, le Basile, le gros rouge cayatte-là, celui qui a une vieille auto en fer-blanc qui saute tout le temps comme si elle avait la danse de saint-Guy. Il n'y a pas été par quatre chemins. «Je gagne tant par mois, qu'il m'a dit, je mets tant de côté par an, et dans deux ans je pourrai rester à rien faire comme un mylord anglais. Avec ce que vous avez, nous serons les plus riches du pays, qu'il m'a dit, en me prenant par la taille, l'effronté, et en me reléchant comme une patène». Il a reçu une belle torgnole, allez, et je lui ai répondu que je me marierais avec lui quand les poules auraient des dents. Pensez !

Il se fichait pas mal de moi, il n'en voulait qu'à ma goyotte [bourse], le ouaré [gaillard, verrat (laudatif)] ! Mais qu'est-ce que les gens ne feraient pas pour de l'argent, dites ? C'est dégoûtant tout de même.

Monsieur Fouissard, l'instituteur en retraite, le vieux traîne-savates-là qui ne sort pus guère que pour aller réchauffer ses

abatis au soleil, et qui raconte des apoloches à tous les passants, lui aussi, a eu le toupet de me faire des avances, mais oui ! Et de me dire qu'il m'avait toujou trouvée à son goût, le peut homme. «Pensez plutôt à la mort, vieux rassapi [ratatiné] !», que je lui ai crié, en prenant mes jambes à mon cou. C'est bon, si j'avais encore été une pauvre bougresse, il n'aurait pas couru après moi. Mais qu'est-ce que les gens ne feraient pas pour de l'argent. C'est dégoûtant tout de même.
Et le père Baracot donc qui n'est veuf que depuis deux mois. Il a pourtant eu l'aplomb de me dire l'autre jour, près de sa vigne de la Goulotte, qu'il ne pourrait pas rester longtemps comme ça, que tout allait de traviole dans la maison et que c'est une femme comme moi qu'il lui faudrait. Je n'en suis pas enco revenue ! Non, mais qu'est-ce que les gens ne feraient pas pour de l'argent. C'est dégoûtant tout de même.
Et il y en a eu bien d'autres, oye ! Oye ! Oye ! Mais je ne veux pas vous embêter avec mes litanies !
Jusqu'à la Philomène Dâbo qui s'était mis dans la tête de marier son fils avec moi, oui ! Le Nénesse, qui est le chef de chantier chez le maçon, le beau gamin-là, vous coyez donc, vous ! Et il se serait laissé faire, le bêta ! J'ai bien rigolé, vous savez, quand il m'a déballé son compliment. «Mon pauv' petiot, que je lui ai dit, mais t'as enco du petit lait derrière les oreilles, et te ne m'as donc pas regardée : un vieux museau comme moi ! Eh ben ! C'est là que te pourrais dire le soir de la noce : « bonsoir papa, bonsoir maman, j' vas dormir avec ma grand'mère ».
Oh ! Qu'est-ce que les gens ne feraient pas pour de l'argent. C'est dégoûtant tout de même.
Enfin, il n'y a qu'entre le Popol Barate et le Jean-Glaude Fristot que j'ai charganté [balancé] un moment pour choisir l'un ou l'autre.
J'aurais ben pris le Popol, parce qu'il ne cause pas, lui, ou presque pas, quoi. Ça m'aurait changée d'avec le Coliche qui avait la langue trop bien pendue, et ça lui en a joué des tours au pauv' drôle ! Mais il est cantonnier le Popol, et moi je n'aime pas les gens qui sont du gouvernement ; non, les octrois, les précepteurs, les préfets, les députés, les minisses, tout ça c'est presque toujou de la rijure [déchet], de la ripopée [qui a peu de valeur] !
Alors, je m'ai décidée pour le Jean-Glaude Fristot. Il n'a pas inventé le fil à couper le beurre, comme on dit, mais c'est un père tranquille, tout qu'est-ce qui me faut. A mon âge, on n'aime pus d'être entournée [trompée]. Il a été un bon mari, vous savez, et sa première n'était pas

commôde. Pfu-u-u ! Elle lui en a fait voir de toutes les couleurs. Eh ben ! Il a enco la larme à l'œil quand on parle d'elle. Et qué rude ouvrier dans son temps, il n'en craignait point comme charpentier. Mais à l'heure-ci, pourvu qu'il passe ses journées à faire du petit bois avec une hachette pour allumer le feu, il est heureux comme un roi. Une chose qui me va surtout, mossieu le maire, c'est qu'il a la vue basse ; pour lire le journal, il faut qu'il ait le nez dessus. C'est ce que je voulais. Au moins, quand il y aura de la poussière sur les meubles il n'ira pas écrire partout le mot salope avec son doigt, lui, et il ne dira rien quand il y aura des épluchures par terre et des graines d'oiseau dans son assiette. C'est un modèle, que je vous dis, l'homme-là ! Il ne met pas les pieds dans un caboulot et il a une bourse bien remplie dans sa commode. Et timide ! Jamais il n'aurait osé me faire une déclaration d'amour, nous serions encore là à nous regarder dans le blanc des yeux, si je n'avais pas causé la première. Il sera aux petits soins pour moi, j'en suis sûre, et je n'aurai pas besoin de personne chez nous. J'en ai tellement assez d'être volée par toutes les trôleuses-là [traînarde, coureuse] que j'ai eues depuis que je peux me payer une bonne.
Avec lui je pourrai aller traîner mes guêtres ousque je voudrai ; je m'en irai, je m'en reviendrai, et comme je le connais, le Jean-Glaude, il dira toujou amen...
...Mais oui, mossieu le maire, je le sais bien, il y en a beaucoup qui sont mieux que lui, mais qu'est-ce que je ferais d'un mirliflore, donc ! Oh ! Et pis non, c'est bien comme ça. Au moins lui, c'est pour le sentiment, ce n'est pas pour mes sous. C'est vrai, allez, au jour d'aujourd'hui, qu'est-ce que les gens ne feraient pas pour de l'argent ! C'est dégoûtant tout de même ! (G. Chepfer)

Pages suivantes, dessin de Clément Kieffer.
Demande en mariage.
Avec tes journaux*,... tes poules,... ta vache,... mes deux cochons, mes deux hectares,... nous ferions encore belle figure dans le village.
** mesure de surface agraire = 33 ares environ*

ÉVA TES JONAUX ..., TES POYES .... TÈ VÊCH
.... J'FRÎNS CA BÈLE FI

. MES DOUS P'CHÉS , MES DOUS HÈCTARES . . .
RE DANS LO V'LÈGE . . . .

La pompe à incendie

« Mes chers frères, qu'avait dit Mosseur Curé en prêche, le dimanche de la Quinquagésime, Monseigneur vient dans huit jours donner la Confirmation à vos enfants. La dernière fois, vous lui avez fait voir vos bodattes [nombril] ; ce n'était déjà [après tout] pas si convenable. Je vous prie donc, mes chers frères, de le recevoir, l'année-ci, avec piété et avec pompe. C'est la grâce que je vous souhaite à vous tous. Amen ! »
Le dimanche de la Confirmation, l'église était décorée avec de la verdure, des pots de géranium, de giroflée, de réséda, qui venaient du jardin de la préfète de la Congrégation.
Le père François avait été au bois chercher du muguet [paraît assez invraisemblable ; nous sommes en hiver] et des narcisses qu'il avait mis sur la cheminée du poêle [la belle chambre où l'on reçoit] de Mosseur Curé.
A huit heures du matin, tous les hommes de Fraimbois s'en vont jusqu'au pont de la rivière au devant de Monseigneur, et comme Mosseur Curé leur avait dit à l'église de le recevoir avec piété et pompe, ils avaient emmené la pompe à incendie sur la route, et ils attendaient Monseigneur, prêts à manœuvrer sous la direction du capitaine.

E. Bastien, lib-édit., 24, rue Germain-Charier, Lunéville

Contes de Fraimbois.

LA POMPE A INCENDIE

— « Mes chers frères, qu'avô dit Mosseur Curé en prâche, lo Dimanche de lé Quinquajésime, Monseigneur vint dans hieu jo béyi lé Confirmâtion é vos rèces. Lé dèrére foué, v'ly é fè vôre vos bodattes, c'natômeza jé si convenape! J'vo prie donc, mes chers frères, d'lo reuçeuvôre, l'annèyeçeu, avo piété et avô pompe. Ça lé grâce que j'vo sohaite è vo tortus, Amen! »

Lo Dimanche de lé Confirmation, lo motet ato deucoré avo de lè vahou, des pots de généraliums, de jaunes vieulis, de résida que v'nïnt di mai dé lè prèféte de lè Congrégâtion.

Lo père François avô ettu on bô quouéri di mirguet et des glaudinettes qu'lavô mis su lé cheumneye di pâle de Mosseur Curé.

E hieute houres di métin, toutes les hômes de Frïmbô vont jusqu'à pont de lé riviere à davant de Monseigneur et comme Mosseur Curé les zy avô dit à motet de l'erçevôre avo piété et pompe, l'avïn emmouéné lé pompe é incendie su lé route et l'attendïn Monseigneur, prettes é manœuvrer, d'so lé direction di Capitaine.

Lo feut d'lé Phrasie qu'ato Caporal s'avô fé des galons avo les rouges tricattes de sé mère.

Chéquïn atô é so poste quand lé ouéture de Monseigneur é errivé. « Eune, dousse, que commande lo Capitaine, et val lé pompe que merche et Monseigneur errosé di ha en béhe et trempé comme eune kène. « Merci, mes affants, j'en è essez, que criôza lo pore homme, j'vo béye mé bénédiction!! »

Ça lé mère Pipiche que mé raconté l'atéte qu'a assi réyelle que te ses histouères des hâtes-chesses qu'elle mé dit. Elle n'en sait que des pareilles, lo vieux sotré.

Le fils de la Phrasie, qu'était caporal, s'avait fait des galons avec les rouges tricattes [jarretières] de sa mère.
Chacun était à son poste quand la voiture de Monseigneur a arrivé : « Une, deux », commande le capitaine ; et voilà la pompe qui marche, et Monseigneur arrosé du haut en bas et trempé comme une cane.
« Merci, mes enfants, j'en ai assez, que criait le pauvre homme, je vous donne ma bénédiction ! »
C'est la mère Pipiche qui m'a raconté l'autre-là qu'est aussi réelle que ces histoires de défilés de sorcières qu'elle m'a dites. Elle n'en sait que des pareilles, le vieux sotré [lutin, sorcier] *(Les Contes de Fraimbois).*

La première communion du gamin

C'est une paysanne qui parle : « Ben, pour une fois que vous venez nous voir tous les deux, c'est pas de chance là, mes pauvres cousins. Vous arrivez trop tard. Nous sortons de table, le banquet est fini.
Non, nous n'avons pas reçu votre lettre, nemme [n'est-ce pas] Alphonse ? Pensez voir si nous l'avions reçue, nous ne vous aurions pas laissé faire vos huit kilomètres à pied depuis la gare, avec tous vos bagages, bien sûr.
Si seulement vous étiez venus hier. Oh ! jamais que je suis contrariée, j'en aurais une indigestion que ça ne m'étonnerait pas, ainsi.
Vous qui êtes toujours si honnêtes [bon] avec nous.
C'est un sapré [sacré] tour tout de même de venir à la première communion pour trouver la relavate au pot [torchon qui sert à laver la vaisselle], comme on dit chez nous. Vous devez avoir l'estomac dans les talons, mes pauvres gens !
Et nous qui avons fait un si bon frichtic [bon repas, ensemble de mets friands]. Ah ! C'est pas tous les jours qu'on a un communiant.
Mais je ne veux pas que vous mettiez la margoulette [n'ayez plus rien à manger] au clou.
(Appelant) Mère Gogotte, venez voir par ici !
- C'est notre cordon bleu... Il ne reste plus de quiche au lard, mère Gogotte ? Ni de tourte non plus ? Oh ! quel dommage ! La migaine [mixture faite de crème, de beurre... que l'on met sur la pâte pour la fabrication de la quiche] qui était dessus fondait dans la bouche comme

du blanc fromage qu'on aurait fait réchauffer. Il ne reste plus rien, alors ; il y en avait pourtant ! De l'oie en daube, qui était si bonne et si grasse que ça vous dégoulinait de chaque côté de la bouche comme une fontaine, et des gros barbeaux de la Moselle, à la sauce matelote, au vin rouge et aux oignons, je les sens encore ! Et du lapin en gibelote, qui était à se mettre à genoux devant, et des haricots pillés, de quoi faire de la musique pour tout un régiment. Des rissoles, des fricadelles [foie de porc assaisonné d'oignons rôtis], de la tétine à s'en relécher les babines, des égrevisses si bien relevées qu'elles vous emportaient la bouche. Jamais que c'était bon, je les sens encore.
Et de la salade de toutes les paroisses : de la pommée, de la pouillotte [petite salade], de la doucette [mâche], on n'avait pas regardé à l'ail, ni à l'échalote, je les sens encore ! Heureusement qu'il y avait des bons petits vins de pays pour faire descendre tout ça ! Et les brioches, les savarins au rhum, les tartes aux quoiches [quetsches], aux mirabelles.
Et la croquante, donc !
Une pièce montée, je ne vous dis que ça, avec un petit communiant et son cierge tout là-haut, là-haut, qui ressemblait à notre Mimile comme deux gouttes d'eau.
Et dire qu'il ne reste plus rien de toutes les bonnes choses-là !
Vous allez nous trouver rudement cheulards [gourmands], mes cousins. Si seulement vous étiez venus hier. Faut arranger ça. Mais non, vous ne pouvez pas aller vous coucher le ventre creux. Voyons : un œuf à la coque bien frais d'abord, on n'en mange pas souvent en ville, une tartine de lait caillé, c'est rafraîchissant, et puis un peu de bœuf du pot-au-feu en mironton, qu'on a fait pour ceux qui voudraient se dégraisser les dents avant d'aller au lit, ça vous va-t-il ? Une bonne bouteille de vin gris, et le tour sera joué.
Si seulement vous étiez venus hier. Pensez ! vous qui avez fait un si beau cadeau à notre Mimile. Jamais je n'avais vu une montre qui marque l'heure quand il fait nuit. Qu'est-ce qu'on ne peut pas inventer aussi bien, elle brille comme un œil de chat. C'est en argent noirci, n'est-ce pas ? Oh ! ça ne fait rien, ça ira tout de même avec la chaîne presque en or de son parrain. On peut dire qu'il a été gâté le gaillard-là. L'oncle Fanfan lui a donné une épingle de cravate en faux brillants ; la tante Delphine, une douzaine de mouchoirs à carreaux qui venaient de son homme ; le cousin Léon, un canif avec le manche en cénunoïde ; maman, cent sous sur son livret de caisse d'épargne ; ma sœur, son chapelet en os véritable ; sa marraine, un cierge comme un mât de cocagne, et le cousin César, sa

vieille bicyclette qui marche encore. Il n'y a que les Grappinot qui ne lui ont rien donné du tout : il ne sort que la fumée de chez les hartares-là [avare : en réalité, petit cultivateur, peu fortuné, qui s'oppose au rabourou, gros cultivateur].
Si seulement vous étiez venus hier. Je vous ai préparé une si belle chambre. Oh ! je pense que vous y dormirez bien et que les punaises vous laisseront tranquilles, j'ai brûlé du soufre en veux-tu, en voilà ! on ne peut pas rester deux minutes sans faire atchoum ! Ah ! par exemple, si vous craignez les cousins, ne laissez pas la fenêtre ouverte sur le fumier, vous ne seriez plus qu'une piqûre. Et puis, ne vous effrayez pas, si vous entendez du bruit, j'ai déjà attrapé dix-huit rats depuis deux jours, c'est une nichée, bien sûr. C'est bon, j'enfermerai notre matou avec vous, pour que vous n'ayez pas peur. Enfin, si vous étiez pris d'un petit besoin, sauf votre respect, ben vous ferez comme nous, vous descendrez à l'écurie. Faut que rien ne se perde, nemme [n'est-ce pas] donc ? A la campagne, comme à la campagne.
Et quand est-ce que vous repartez ? Je vous demande ça parce que s'il faut vous réveiller, on vous réveillera. La fête est finie, nemme ? Tout le monde retournera demain à ses ouvrages. Vous ne nous gênez pas, non, mais ne vous gênez pas non plus. Vous n'avez pas besoin d'attendre le train de midi, vous pouvez très bien prendre celui du matin. Mais que je suis donc bête ! Vous pouvez même prendre celui de ce soir, il est encore temps. Faut justement que l'Alphonse aille reconduire son beau-frère, vous profiterez de la voiture, nemme Alphonse ? Mais dépêchez-vous. Vous casserez la croûte en route, voilà tout.
Alors, à vous revoir, cousin, cousine, et à l'année prochaine, ne manquez pas pour le renouvellement [renouvellement des promesses de la communion, qui donnait lieu à une nouvelle cérémonie] du gamin. Mais si seulement vous étiez venus hier ! » (G. Chepfer).

La punition du loup

Il y avait une fois un loup qui ravageait les bois de Fraimbois, et qui détruisait toutes les récoltes.
Les pauvres gens étaient bien dans le tracas. Tout de même, un homme plus adroit que les autres avait trouvé moyen de le prendre tout vivant

dans un piège. Alors, le maire réunit ses administrés pour savoir qu'est-ce qu'on pourrait bien faire du loup. Il fallait se venger de lui. Les plus malins disaient leur avis l'un après l'autre ; celui-là voulait lui couper les oreilles, celui-ci lui crever les yeux, un autre l'écorcher tout vivant. Mais le vieux père Jean-Claude s'avança, et dit tout posément : « Si c'était de moi, je le marierais, il serait bien assez puni comme ça ». *(Les Contes de Fraimbois).*

E. Bastien, libr.-édit., 24, rue Germain-Charier, Lunéville -- Repr. interdite

Contes de Fraimbois.

LA PUNITION DU LOUP

Y evo eune fois ïn loup qué ravageo lé bos d'Frïmbô et detruiso tortot lé récoltes.

Les pôres gens eto bïn dans lo tracas, tot d'même ïn pu adrouet qu'les âtes evo trové moyïn de le penre to vivant dans ïn piège. Alos lo mêre reunit ses edministrés por essaouare qu'asqu'on pourro bin fare di loup. I fallo so vengi de lu. Les pu malïn d'hïnt zut èvu ïnque epres late : çot lette vlo li couper les erailles, çot-ci li crover les zeus, un ate l'ecorchi to vivant, me lo vieux père Jeanglaude s'évanceu, et d'heu to posement, si ç'eto de meü j'lo maruro y s'ro bïn essez puni en lé.

La tricatte

Ils se causaient [se « fréquenter » en vue du mariage] depuis deux ans déjà, elle, une jolie blonde bien faite, Sophie. Elle portait bien son nom, tellement elle était sage, mais jusques à quand ? Lui, l'Albert, venait de rentrer du service militaire dans les Dragons : beau garçon, plein de vigueur, et amoureux piaffant.

Le mariage était fixé au 1er octobre : une belle rentrée dans la vie à deux, comme ils faisaient dans les temps leur rentrée à l'école, ensemble, le jour de la Saint-Remi. On était au 15 septembre : plus que quinze jours... Chaque soir, l'Albert courtisait avec plus d'empressement celle qui allait être sa femme, mais qui voulait mériter sa belle robe blanche. « Non, non, répétait sans mollir la Sophie, attends le 1er, c'est dans quelques jours...

Tu pourras alors te rattraper... mais pas maintenant ! » De guerre lasse, elle alla consulter son curé :
« - Monsieur le curé, l'Albert voudrait bien...
- Impossible, lui dit le pasteur, tu te maries en blanc, tu attendras bien une petite quinzaine.
- Moi, oui, mais lui, non, il me...
- Non, c'est interdit, c'est interdit.
- Oui, bien sûr, mais enfin...
- Enfin quoi ?
- Il ne pourrait pas m'embrasser un peu ?
- Non...
- Rien qu'un peu... ?
- Non !
- Quand même, un tout petit peu ?...
- Et puis, après tout, oui, rien qu'un tout petit peu, en tout cas pas plus haut que la tricatte [jarretière en patois de la Lorraine centrale], finit par concéder le curé, mais...
- Merci, Monsieur le curé. »
Et la chaste Sophie se retrouva sautillant gaîment sur le chemin qui la ramenait chez elle.
Le soir même, au repas, les parents n'en croient pas leurs yeux : « Mais, dit le père à la mère, regarde voire un peu, Minette, qu'est-ce qui lui arrive à note Sophie ? Pourquoi donc est-ce qu'elle s'a mis la tricatte autour du cou ? »

La trouche

En haut du clocher de l'église de Fraimbois il avait poussé une trouche [touffe d'herbe] de luzerne (un oiseau, imaginez-vous, qu'avait déposé la semence à la hauteur-là).
Quand les gens de Laronxe ou bien d'Hériménil passaient à Fraimbois, ils regardaient la trouche en riant : « Ah ! Les maquereaux [gaillards, coquins, gars, idée péjorative] de Fraimbois, ils ont des chenevières jusque sur leur clocher ». On faisait des plaisanteries sur la trouche.
A la fin, comme les gens de Fraimbois en avaient assez, ils eurent l'idée, pour détruire la maudite trouche, de mettre une poulie

avec une corde (une grosse coriatte, si vous aimez mieux).
Puis ils attachent après la corde le taureau du village, et quatre hommes se mettent à tirer sur la corde, et font monter le taureau, pour qu'il mange la trouche.
Arrivée en haut du clocher, tout près de la luzerne, la pauvre bête, étranglée qu'elle était, tirait la langue. Le maître d'école dit aux gens : « Tirez toujours, regardez-le, le gourmand, il rit de voir la trouche ».
Force fut bien pourtant de descendre le taureau qu'était crevé, imaginez-vous.
Avant de l'enterrer, le vieux Joujou [Joseph] s'a adressé à lui en disant : « Tu ne feras plus marcher ton tisonnier, gros truand [fainéant] ! »
Pour se débarrasser de la trouche, les gens de Fraimbois ont dû démolir le vieux clocher et en faire un neuf ! *(Les Contes de Fraimbois).*

Contes de Fraimbois.

E. Bastien, lib.-édit., 24, rue Germain-Charier, Lunéville — Reproduction interdite

La Trouche

En hâ di tieuchet d[...] Motet de Frimbô, i av[...] poussé eune troche d[...] luzerne (in ohé, majunov[...] qu'avô deupôsé lé semence[...] hâ let !) Quand les gens d'Laronxe ou bîn d'Hériménil pessîn è Frimbô, [...] ronêtîn lé trouche en riant « Ah ! les macrocs d'Frimbô, l'ont des cheunevère jusque su zoute tieuchet ! [...]

On fiô des devats su [...] trouche. E lé fîn, comm[...] les gens d'Frimbô en évî[...] essez, l'ont évu l'idéye p[...] détrûre lé maudite trouch[...] de matte eune poulie av[...] eune côtche (eune gross[...] coriatte, si v'aimez mieux[...]

Pu l'ettéchot éprès [...] côtche lo ouéré di villège [...] quouetre hommes s'matto[...] è tiri su le côtche et fio[...] monter lo ouéré po qu[...] mingéhe lé trouche.

Errivéye en hâ [...] tieuchet, to préche de [...] luzerne comme lé pore bêt[...] qu'ato trâgnée tirô [...] langue, lo maîte d'ecôle dehô é gens : « Tirez tojo ; rouétez-lo, lo sujette, i rit de vore lé trouche ».

I fut bîn fohe pertant de déhente lô ouéré qu'atô cravé, majunôve. Evant d'l'eutarrer lo vieux joujou s'est édressé è lu en d'hant : « T[...] n'feurdjeunnerai pu, gros trouant ! »

Po se débaresser d'lé trouche, les gens de Frimbô ont douvu démôli lo vieux tieuchet et en faire în nûe !

La vache du maître d'école

Le maître d'école de Fraimbois avait une vache fort malaisée [difficile] à traire. Sa femme, pour y arriver, le faisait mettre à cheval sur la vache, et elle lui attachait les deux pieds avec une coriatte [cordelette] qui passait sous le ventre de la vache.

Contes de Fraimbois.

LA VACHE DU MAITRE D'ÉCOLE

Lo maite d'acôle de Frïmbô avô eune vèche tot maléhie è traire. Sé fôme po zy erriver lo fiô matte è chouâ su lè vèche et li ettèchô les dou pies ensânes avo eune corriatte que pesso d'so lo vente de lé vèche.

Eune fois que lè fôme atô à cripotons po traire lé vèche et qu'lo maite d'acôle ato su so dos (lo dos de lè vèche, majunove), lè vèche béye ïn cô avo sè tête, brise lo licô que l'ettéchô é lé crache et s'sâve dans lé rue.

Lo pore maite d'acôle qu'atô tojo é chouâ n'en mouènôme léhe, j'vo promats!

Lé vèche pesse, à galop devent ïn ramolou que cria: Ouasque vallez donc, maite d'acôle?

Et lo maite d'acôle de raponte, en greignant des dents: demandez lo è mé vèche, foutue bête!

Une fois, alors que la femme était accroupie pour traire la vache, et que le maître d'école était sur son dos (le dos de la vache, imaginez-vous), la vache donne un coup avec sa tête, brise le licol qui l'attachait à la crêche, et se sauve dans la rue.
Le pauvre maître d'école, qu'était toujours à cheval, n'en menait pas large, je vous promets [assure].
La vache passe au galop devant un rémouleur qui se mit à crier :
« Où est-ce que vous allez donc, maître d'école ? »
Et le maître d'école de répondre, en grommelant des dents :
« Demandez-le à ma vache, foutue bête ! » *(Les Contes de Fraimbois)*.

Le bouc

C'était une pauvre vieille femme qui n'avait qu'un bouc pour lui rapporter des sous. Le bouc sautait les chèvres pour dix sous. La pauvre vieille, elle n'avait que ça. Il était gaillard, mes pauvres gens, le bouc-là ; fallait le voir, fallait le voir qui faisait sa besogne. Un beau matin, qu'est-ce qui prend à mon bouc, je n'en sais rien du tout, le voilà qui se met à tousser, d'un côté et de l'autre-; il se tord les pattes ; ça n'allait plus.

« Mon Dieu donc, qu'elle pensait la Mélie (oui je n'avais pas pensé de vous dire qu'elle s'appelait la Mélie, enfin, ça ne fait rien, il est encore temps), mon Dieu donc, qu'elle dit, la Mélie, qu'est-ce que je m'en vais devenir : mon bouc crevé, je n'aurai plus de sous ».
Tout d'un coup, je ne sais vraiment pas comment ça se fait, voilà le vétérinaire qui passe devant chez elle :
« - Mon Dieu donc, Monsieur le vétérinaire, qu'elle dit, venez voir, mon bouc est malade.
- Votre bouc est malade ?
- Oui, Monsieur le vétérinaire : il se tord les pattes dans l'étable, je ne sais pas, le grand diable, qu'est-ce qu'il a ».
Le vétérinaire vient, il l'ausculte :
« - Mais il n'a rien du tout, qu'il dit, il a eu un peu froid. Pour le guérir, vous n'avez qu'une chose à faire, c'est de le tenir au chaud. Vous verrez bien, vous le mettrez au chaud, qu'il n'ait pas froid, point de courant d'air, rien du tout. Dans huit jours il sera guéri, puis il refera sa besogne comme avant ».
Ma foi, elle était bien contente :
« - Combien que je vous "redois" ?
- Mais ce n'est rien ; bof, (ce n'est qu'une pauvre femme), vous ne me devez rien, vous n'avez que de faire ce que je vous ai dit. »
Huit jours après, le vétérinaire était encore dans le quartier. Le voilà qui vient voir cette femme, la pauvre Mélie. Le bouc était dans les prés, mes pauvres gens, il levait le cul, fallait voir, il était gaillard, pire qu'avant :
« - Mais, regarde donc, qu'il dit le vétérinaire, comment que ça se fait qu'il est si gaillard votre bouc, comment que vous avez fait, vous l'avez tenu au chaud ?
- Oui
- Et où est-ce que vous l'avez tenu au chaud ?
- Eh ben ! qu'elle dit, pour l'avoir au chaud, je l'ai mis dans mon lit.
- Quoi, qu'il dit, vous l'avez mis dans votre lit ? Et l'odeur ?
- Hé, l'odeur, il a bien fallu qu'il s'habitue ! »
(R. Grandclaude, traduit du patois).

Le boudin

C'était un pauvre homme, un bûcheron du Grand Valtin. Le pauvre homme, il n'avait pas grand-chose à manger. Qu'est-ce qu'il faisait une fois qu'il avait tué le cochon, il n'avait rien du tout ; le voilà qui fait du boudin le vendredi. Dans les moments de Pâques, il s'en va se confesser au curé. « Qu'est-ce que vous avez fait, que lui dit le curé ? »
Il lui dit :
« - Mon Dieu donc, Monsieur le curé, j'ai mangé du boudin le vendredi.
- Tu as mangé du boudin un vendredi ? C'est un gros péché que tu as fait là. Eh ben ! tiens, qu'il dit, je ne suis guère plus riche que toi, tu ne sais pas, tu m'apporteras une voiture de bois pour ta pénitence, ça t'apprendra à manger du boudin le vendredi. »
Qu'est-ce qu'il pouvait faire, ce pauvre homme ; le voilà qui prend son gamin, il s'en va à la montagne, il attelle son bœuf et puis il revient avec une voiture de fagots. Il arrive devant chez le curé.
« - Qu'est-ce que c'est que tu m'amènes là ? que dit le curé.
- Eh bien !, vous m'avez dit que manger le boudin le vendredi vaut une voiture de bois, eh ben, je vous amène du bois.
- Tu te fous de moi, non, qu'il dit, ce n'est pas du bois que tu m'amènes, c'est des fagots.
- Pourquoi ?
- Eh ben ! des fagots, ce n'est pas du bois.
- Eh ben ! merde pour toi, qu'il dit, si des fagots ce n'est pas du bois, le boudin, ce n'est pas de la viande non plus ».
(R. Grandclaude, traduit du patois).

Le chapelet de la Brigitte

Le père Batisse avait une femme qu'était toute pieuse. Si elle commençait bien la journée en allant à la messe, elle la finissait encore mieux, si possible, en disant dévotement son chapelet.
C'était le soir en s'endormant qu'elle se livrait à cette douce et sainte ouvrage.

Un soir qu'elle était couchée à côté de son homme, elle fut bien désolée, la pauvre, en ne trouvant plus son chapelet qu'elle mettait toujours sous son oreiller ; mais la Brigitte, en cherchant le chapelet dans la ruelle du lit, jusque en dessous du père Batisse même, sentit les petits os que le père Batisse, comme tout le monde, avait disposés tout le long de l'échine avec une régularité parfaite.

« Voilà bien mon affaire », que songea la Brigitte, bien contente ;
et elle se mit à réciter les *ave* réglementaires en passant d'un os à l'autre.
Elle allait enfin arriver à l'endroit où est-ce que le dos perd son nom quand le père Batisse, qui se sentait chatouillé de la belle façon, se réveilla tout d'un coup :

« - Qu'est-ce que tu fais là, la Brigitte, t'auras-ti bientôt fait avec toutes tes manigances ?

- Je récite mon chapelet, mon homme, mais patience, je vais bientôt avoir fait.

- Eh bien ! quand t'auras fait, n'oublie surtout pas d'embrasser la médaille, que dit le père Batisse en se rendormant. » (*Les Contes de Fraimbois*).

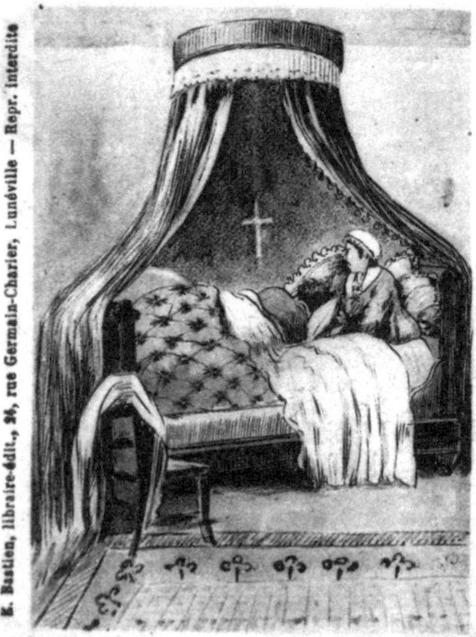

Contes de Fraimbois

LE CHAPELET DE LA BRIGITTE

Lo père Batisse évaut eune fôme qu'atô to pieuse.
elle commençô bin lé jonnaye en allant et lé masse e
lé finisso ca meuye si paussipe en dehant dévoteme
so chépelat.

Ç'ataut lo sô en s'endreumant qu'elle se livrô et cet
douce et sainte ovrège.

In sô qu'elle tôt couchie et côté d'son hôme, el
feut bîn désolaye, lé pôvre, en ne trùvant pû so ch
pelat qu'elle matto tojo deso son oreiller ; mais lé Br
gitte en coirant lo môdit chépelat dans lé rouelle di l
deso lo père Batisse même, santeu les piats os que
père Batisse comme to lo monde avo disposé to
long de l'échine avo eune régularité parfaite. Val bi
mon effaire q'songeu lé Brigitte bin contente et elle
matteu et récité les *ave* réglementaires en pessant d'
os et l'âte ; elle allo enfin errivè et l'endraut ouasque
dô perd so nom quand lo père Batisse que se sento ch
touilli de lé bèle façon se réveilleu to d'in cô :

« Quasque te fai tolé, lé Brigitte, tèré ti binto f
avo tote tes manigances ? » « Je récite mo chépela
mon hôme, mais patience, je vai bîntôt avoue fait.
« Eh bin, quant tèré fait, ne robrimme surtout
rembressi lé médâille », que d'heu lo père Batisse en
rendreumant.

Le cochon

Ce mandrin de cochon-là sortait toujours de sa loge par un petit trou que les gens n'avaient jamais vu.
Un beau jour, la femme découvre le trou et dit à son mari : « Entre dans la loge, tu le feras sauver, je vais chercher mon manche à balai, et quand il passera par le trou, je lui donnerai un bon coup sur le groin. Cela le guérira peut-être de passer par là ».
L'homme entre dans la loge et le cochon sort comme une flèche avant que la femme ne soit revenue, puis l'homme veut le poursuivre et passe sa tête par le trou. Au même moment, la femme qui arrivait lui donne un grand coup de manche à balai sur la tête :
« - Oh, iou, iouïe !
- Ah, c'est toi, mon pauvre homme, je croyais que c'était le cochon !
- Bougre de bête ! Les cochons ne portent point de chapeau ! »
(L. Lavigne, traduit du patois).

Le Diable à l'église

C'était au temps de Louis-Philippe. Mosseur Curé de Fraimbois avait eu des histoires avec ses gens. Ça avait été d'abord pour le mur du cimetière qu'ils n'avaient pas voulu faire réparer. Le maître d'école aussi avait fait des manières avec lui. La préfète de la congrégation, de son côté, qu'était pourtant une personne bien convenable, lui en voulait parce que une fois, à confesse, mosseur Curé lui avait dit qu'elle était une vieille câcatte [bavarde, comme une poule qui jacasse sans arrêt].
Pour bien dire, le pauvre homme s'ennuyait fort à Fraimbois, et il aurait bien voulu que Monseigneur lui donne son changement.
Mais chaque fois que mosseur Curé en parlait, Monseigneur lui répondait : « Demeurez donc avec vos innocents [surnom des gens de Frambois], vous ne serez jamais si bien qu'à Fraimbois. »
Pour quitter Fraimbois, mon Curé, qu'était un malin de la Grande-Bezange, envoya une lettre à Monseigneur en lui disant : « Je ne peux plus demeurer ici, tous mes gens sont possédés du diable ; venez voir

E. Bastien, lib-édit., 24, rue Germain-Charier, Lunéville

Contes de Fraimbois.

LE DIABLE A L'ÉGLISE

Çatôza dans lo temps de Louis-Philipp Mosseur Curé de Frïmbô avô évu des hi tonères avo ses gens. Ç'avo ettu d'abord lo muhe de l'ètréye qui navôme voulu fè reuparer. Lo maîte d'acôle, assi, li avô des seutèyes. Lé préfète de let congrég tion, de so cotté, qu'atô portant eune ge bïnt convenape, li en v'lô pasqu'eune fou é confesse, Mosseur Curé li avô dit qu'l'a eune vie càcatte.

Pô bïn dire, lo pôre hôme s'ennayo mô Frïmbo et l'érô bïn v'lu que Monseigne li béhéye son chingement.

Mè, chaque foué qu'Mosseur Curé en pél Monseigneur li rapondô: Demouérez do avo vos innôcents, veu n'serez jémè si b qu'à Frïmbô.

Po tchitter Frïmbô, mo Curé qu'atô malïn de let Grande-Bezinge evoïue eu latte é Monseigneur en li dehant: « Je pue pu demouérer toce, toutes mes ge sont pôssédés di diape; venez vore, eune foué, é let grand'masse... veu v'rendrez compte de let situation.

Monseigneur errive donc é Frïmbô. Toutes mes pores gens atïn dans zoue bancs, bïn ercueillisse. Monseigneur se dit: « Mé, les gens let eune sommes pôssédés di tot, ça putôt mo curé que l'a! »

Mosseur Curé déhend de l'autel po l'*asperges me*. I trempe so goupillon dans let sayatte et i commence arroser ses innôcents.

Assitôt, les hômes, les fômes, les affants s'matton é hûler: « J'atan breulés, j'atan breulés... et, i s'sav toutes di motet comme si l'avïn lo feu é châsses.

Alors, Monseigneur vïnt deva Mosseur Curé et li dit: « Ça bïn vré, mo pore curé, vos gens sont possédés diape... Veu chingerez de paroisse tout suite... v'irez é lé Bouzule! »

Qu'as que riôzâ! ç'atô Mosseur Curé. L'avô aspergé ses beunés et ses gelines de let congrégation avo l'aoue bouillante. Et mes pores macrocs, et mes pores baicelles s'atïn savés devant lo goupillon di diape.

une fois, à la grand-messe ; vous vous rendrez compte de la situation. »
Monseigneur arrive donc à Fraimbois. Tous mes pauvres gens étaient dans leurs bancs, bien recueillis. Monseigneur se dit : « Mais, les gens-là ne sont pas possédés du tout, c'est plutôt mon Curé qui l'est ! »
Mosseur Curé descend de l'autel pour l'*Asperges me*. Il trempe son goupillon dans le petit seau [bénitier], et commence à arroser ses innocents. Aussitôt les hommes, les femmes, les enfants se mettent à hurler : « Nous sommes brûlés, nous sommes brûlés » et ils s'enfuient tous de l'église comme s'ils avaient eu le feu aux pantalons.
Alors, Monseigneur vient vers mosseur Curé et lui dit : « C'est bien vrai, mon pauvre Curé, vos gens sont possédés du diable. Vous changerez de paroisse tout de suite, vous irez à la Bouzule ! »
Qu'est-ce qui riait ? C'était mosseur Curé. Il avait aspergé ses benêts et ses bécasses de la Congrégation avec de l'eau bouillante. Et mes pauvres maquereaux [gars] et mes pauvres bâcelles [filles] s'étaient sauvés devant le goupillon du diable. *(Les Contes de Fraimbois).*

Le fonctionnaire communal

La vieille Minette, acariâtre bréhaigne [mauvaise jument, terme d'injure à l'adresse d'une femme], avait un bouc, un grand bouc aux reins puissants, superbement encorné, qui étalait sous son court menton une barbe fleurie, fastueuse, comme on en voit dans « les Saints », pavoisant le visage du Père Eternel.
Il se prénommait Batisse. C'était un brave homme de bouc, vaillant à l'ouvrage et de parfum gaillard, orgueilleux aussi de sa fonction de reproducteur, pour quoi le comice agricole du chef-lieu l'avait, un jour de concours, dans la rumeur des foules et l'éclat des fanfares, récompensé d'un flot de rubans amarante.
La réputation du Batisse était flatteuse. Du plus loin qu'elles l'apercevaient attaché à un pieu dans le pré de la Minette, les bocattes [chèvre] du village frétillaient de la queue, exhalaient leur subit émoi par des bée... bée... langoureux. « Oué deun, bêlaient-elles, oilà le Batisse... N'y en a pas un pareil dans les villâches banjoidants [voisins, dont les bans sont mitoyens]. La belle barpe qu'il a... et ses grandes cornes enroulées... et ses yeux effrontés deun !... et tout... et tout... »
Dès que, dans un trottinement léger, le troupeau débouchait sur la route, le Batisse s'étranglait quasiment à tirer sur sa chaîne. Il retroussait ses babines et se dressait tout droit sur ses pieds fourchus. N'eût été la blancheur de son poil, on eût dit une incarnation d'un de ces dieux subalternes qui peuplent les forêts, sautent les rocs moussus, s'ébrouent dans les fontaines, toujours au pourchas de quelque proie d'amour.
« Ah... ah !... aah !... aah !... bêlait-il furieusement, si cette chaîne maudite ne me sciait pas le cou, qu'est-ce que je vous conterais, câcattes [bavardes], pinéguettes [filles remuantes, coureuses]... Vous verreriez un peu si je vous parlerais du pays... Je te reconnais, toi, Blanchette... Te m'as rendu visite aux derniers Quatre-Temps !... Et toi, la grosse Coihhatte... j't'en ai-t-i fait des cabris qui galopent aujourd'hui comme père et mère !... Et toi, la noire tigrée !... Te t'souviens-t-i des âties [manières] que te faisais le jour-là que la Phrasie t'a amenée... T'as-t-i vu comment que je t'ai expliqué la poloche [expliquer la « chose »] !... Te pourras toujours essayer d'entrer à la congrégâtieun, à c't'heure [maintenant], te seras bien reçue ! »
A maintes reprise, le maire avait rendu hommage aux vertus du robuste compère. Un jour, il résolut de l'attacher au service de la commune. A

la Minette qui accueillait favorablement sa proposition et acceptait de lui vendre son bouc, moyennant un bon prix, M. le Maire déclara :
« Ecoutez-moi bien, Minette... le Conseil municipal va faire une belle pôsitieun à vote Batisse... On va le nommer fonctionnaire communal... Nous avons justement une grande cabane à côté de l'école... Il sera bien logé, bien nourri, bien soigné... Les gens qui lui amèneront leurs bocattes payeront au greffier de la mairerie le prix de la visite... et, sur les sous que la commune encaissera, vous toucherez chaque fois un petit tringuelte [pourboire]... Ça ira-t-i comme ça ?... »
Satisfaite du prix de vente consenti, supputant, en outre, les profits qu'elle ne manquerait pas de tirer des prouesses réitérées du Batisse, la Minette signa le marché d'une pataraphe décidée.
Le lendemain même, le ban-ouâ [garde-champêtre] venait chercher le Batisse et l'installait dans son nouveau logis, près de l'école. Le maçon avait blanchi à la chaux la calougeatte [réduit, maisonnette] ; le charron avait installé un râtelier tout neuf. Tout permettait de présager que le nouveau fonctionnaire communal coulerait là des jours heureux et besognerait pour l'avenir de l'espèce caprine avec un zèle méritoire, encore accru par le témoignage officiel de confiance dont il était l'objet.
La semaine qui suivit l'entrée en fonction du Batisse, le ban-ouâ lui amena une jeune bocatte, bien jolie ma foi ! : truffe vernie, cornes menues et luisantes, robe soyeuse et brigallée [bigarrée]. Le garde-champêtre fit les présentations. Mais grande fut la surprise du représentant de la loi en constatant que le Batisse, dédaigneux de la jeune grâce proposée à ses soins, continuait de brouter au ratelier... Bée... bée... bé.e.e.e., se lamentait la pauvrette, en tournant désespérément autour du malhonnête... Inutiles tentatives... vaine coquetterie ! « Çause à l'aute, foutue bête..., semblait dire le mandrin de bouc-là ».
Stupéfait, le garde-champêtre rendit compte à M. le Maire de l'échec de sa mission :
« Si le Batisse n'a pas voulu causer à la bocatte-là, c'est qu'il a des raisons, fit sentencieusement le magistrat. On va essayer d'une aute... Demain matin, te lui conduiras la mien... »
La chèvre du maire était une gaïsse [chèvre dans toute la Lorraine Nord et Est] plantureuse, dont la mère devenait [venait] de d'chez les Allemands. Plusieurs fois déjà, elle avait accepté les politesses du Batisse. Il y avait donc tout lieu d'espérer un résultat décisif. Le maire en caressait la certitude...
Et bien ! pas du tout !... Fait incroyable, invraisemblable, ahurissant, Batisse resta de marbre et éconduisit la bocatte avec un manque

complet d'égards. Même, comme elle ne se tenait pas pour battue, le fonctionnaire communal la désobligea gravement, en lui appliquant une ruade en plein poitrail.

On insista. Toutes les bocattes du village défilèrent, l'une après l'autre, dans la cabane : celle de la Génie Raifort, si fière de son élégante souplesse ; celle du Philibert Dardaine, qui porte au front une étoile couleur de feu entre deux yeux puérils ; celle du Totor Collardeau, pourvue des plus lourds pis du monde ; celle du bon M. Seguin, charmante, mais étourdie, et qui devait si mal finir ; celle de la Sylvie Pariset, qui brise la corde comme elle ferait une simple corriatte [cordelette], fine, bondissante, un peu folle et si allègre au déduit [amusement, plaisir amoureux].

A chacune de ses visiteuses, le Batisse opposa la même froideur méprisante. Et, cet outrage à leurs charmes ne lui semblant pas assez éloquent, il mit le comble à ses dédains et, ajouterons-nous, à son inconvenance, en les chassant, comme de simples grivoises, à coups de cornes.

Une telle situation, on le conçoit, ne pouvait durer sans porter un grave préjudice moral à l'administration communale. Le maire le comprit et avisa. Ayant mandaté l'ancienne propriétaire, la vieille Minette, à la mairerie, il lui dit : « Je ne sais pas ce qu'a note bouc, Minette... Aussi bon qu'il était dans le temps pour l'artique [article], aussi manre [mauvais] qu'il est devenu... Le peut [vilain] trouand [paresseux] ne veut pu rien savoir... C'est à croire que vous lui avez jeté un sort ou fait boire quelque chose... Ah ! Minette, si vous nous aviez fait un tour pareil, vous aureriez de mes nouvelles, j'vous en garantis... Ouéyons oir [voyons voire]... causons un peu, mais causons raisonnablement... Vous le connaissez bien, le Batisse ?... Vous comprenez ce qu'i veut dire en behhelant ?... Demandez z'y voire pourquoi qu'il ne veut pu faire son service, l'imbécile-là...

S'il est malâte, on le conduira au médecin... S'i veut un congé, il en aura un... Si c'est une retraite rajustée pour pu tard... il y aura droit pisqu'il est fonctionnaire... je soumettrai la question au conseil... ; mais, crés vingt dieux, il faut que je sache ce qu'il a dans le vente !... Allez, Minette, demandez z'y... »

La minette ne se fit pas prier. Elle s'approcha du Batisse. Celui-ci, reconnaissant son ancienne maîtresse, lui exprima sa joie de la revoir en bêlant tendrement et en lui lêchant la main. Minette caressa la barbe fluviale de l'animal, l'appela « mo cœur... mo pauvre boc... mo bon piat

[mon bon petit]... » et lui confia, à l'oreille, les questions de M. le Maire. Batisse écoutait la Minette avec une attention soutenue. Deux ou trois fois, il leva le nez, baissa une oreille, puis l'autre, bahhela... bée... bée... bé.e.e.e., gratta le sol d'un pied rageur. Puis il hocha la tête d'un mouvement de refus catégorique : « Non... non... rien à faire... ». Il se tourna, enfin, immobile et distant, vers le mur du réduit.
Il avait tout dit :
« - Eh ben ! Minette, qu'est-ce qu'i vous a raconté, le Batisse, demanda le maire, la voix tremblante d'anxiété.
- Je m'en vas vous répéter mot pour mot ses paroles, répondit Minette. Il m'a dit comme ça : « De quoi qu'i se plaint, le maire-?...I n'avait qu'à me laisser chez vous... Je ne lui demandais rien... Mais du moment qu'i m'a nommé fonctionnaire communal, c'est pour me reposer... Je ne suis pas plus bâtard que les autres... et je ne vois pas pourquoi i m'obligerait à travailler tandis que mes collègues ne foutent rien... »
(F. Rousselot, extrait de *A l'ombre du mirabellier*).

Le haut-poirier

C'est le 14 août au soir. Toute la paroisse (hommes, femmes, enfants, vieillards) a défilé au tribunal de la pénitence, de manière à pouvoir communier le lendemain, fête de l'Assomption. Il fait une chaleur de tous les diables. Monsieur le curé n'en peut plus ; il sue à grosses gouttes dans son confessionnal. Il croit en avoir fini quand il voit arriver le Bébert :
« - T'as fait des gros péchés, Bébert ?
- Oh, oui, mosseur curé, j'ai fait le haut-poirier !
- Le haut-poirier, qu'est-ce que c'est que ça ?
- C'est quand on marche sur les mains
- Mais, c'est pas grave, ça !... ; enfin, montre-moi quand même comment t'as fait. Allez, va dans la nef. »
Le Bébert sort ; un essai, deux tentatives, et le voilà parti, la tête en bas, les pieds en l'air, sur les mains, et il arrive à proximité du portail, au moment où la Fifine, vieille demoiselle confite en dévotion le rencontre en cette position curieuse :
« - Mais, qu'est-ce que t'as Bébert ? Qu'est-ce que tu fais ?
- Mamzelle Fifine, c'est la pénitence que mosseur curé donne aujourd'hui !

- Oh ! misère de malheur, dit la Fifine en sortant précipitamment de l'église, il fait tellement chaud que j'ai pas mis de culotte ; je reviendrai demain matin avant la messe de 7 heures... ».

Le lapin tricolore

Le père Benoît avait dans son poulailler une mère lapine, la plus belle de Fraimbois. Le père Benoît l'aimait tout plein. Une fois, il va la porter chez son voisin pour lui faire voir le mâle, puisque c'est comme ça que les gens disent, mais un si gros mâle ! Aussi fort que la mère lapine était éclatante. Et il toquait de la patte, donc !
« Surtout, dit le père Benoît à son voisin, tu me rapporteras ma mère lapine le soir...
- Bien sûr, quand ils auront "gigoté" ensemble, ma bonne ». [Interjection].
Fait et dit, on rapporte, le soir, la mère lapine, mais dans quel état, Jésus Seigneur ! Peinturlurée en blanc, en bleu, en rouge..., tricolore, ma foi.
« Cré nom de Dieu, que dit le père Benoît, faut-il être dégoûtant pour arranger comme ça une si belle bête ! Ah ! Les cochons ! Attendez voir un peu, je m'en vas aller trouver le juge de paix de Lunéville », qu'était Mossieu Hannezô, du temps-là.
Il met sa casquette, prend son bâton et le voilà sur la route avec sa mère lapine dessous le bras. Il approchait de Lunéville, quand il rencontre un chasseur qui lui demande :
« Où est-ce que vous allez donc, mon père Benoît, avec votre lapin ?
- Je m'en vas chez Mossieu Hannezô, pour attaquer les cochons qu'ont peinturluré ma lapine.
- Mais oui, cré nom d'une [pipe], elle est peinturlurée... ; Oh ! La vingt garce [juron]. Mais j'y songe, n'y allez pas, chez Mossieu Hannezô. Quand votre mère lapine fera des petits lapins, ils seront comme elle, ils seront tricolores ; vous les vendrez plus cher qu'une vache. C'est une vraie fortune, une bête comme ça.
- Vous avez raison, que répond le père Benoît ; regardez voir un peu, je n'y songeais bien pas... »
Le père Benoît remporte sa mère lapine à Fraimbois, et il attend qu'elle mette bas ses petits.
La grande journée arrive : un lapin, deux, trois, quatre, jusqu'à onze

Contes de Fraimbois.

E. Bastien, lib-édit., 24, rue Germain-Charier, Lunéville

LE LAPIN TRICOLORE

Lo pére Benoît avô dans set gelenére eune mére lépine, let pu belle de Frïmbô. Lo pére Benoît l'aîmo to pien. Eune foué, i vè let poutchier chez son ouésin po z'y fère vôre lo mèle — pisque ça enlet que les gens dehont — mè ïn si gros mèle, assi fôrt que let mère lépîne atô erluhante. Et i taquo de let pette, donc!

— Surtout, que dit lo pére Benoît é so ouésin, teu m'rappoutchrai mé mére lépine, lo souèr...

— Bïn sûr... quand l'éront crafouyï ensânes, mabonne!

Fait et dit, on rapoutche, lo souèr, let mére lépine... mè dans quel état, Jésus Seigneur! peinturluréye en bian, en bleu, en roûche — tricolôre, ma foué!

— Cré nom de Dieu, que dit lo pére Benoît, fâ ti iête deugottant po errangi en let eune si belle bête Ah, les couchons! Ettendez-vôre in po, je m'en vè z'aller trouver lo juge de paix de L'ninville — qu'ato Mossieu Hannezô di temps let.

I mat set câsquette, prend so bâton et lo vale su let route avo seé mére lépîne dezo lo brêt. L'approchô de L'ninville, quand i renconteure ïn chessou que li demante:

— Ouas'que v'allez deun, mo pére Benoît, avo vote lépïn?

— J'm'en vè chez Mossieu Hannezô po ettaquer les couchons qu'ont peinturluré mé lépîne.

— Mè, oui, cré nom d'eune, l'a peinturluréye... oh, lé vingt garse. Mè, j'y chonge... n'y allême chez Mossieu Hannezô. Quand vote mère lépîne feret des piats lépins, i s'ront comme léye, i s'ront tricolôres... v'les vendrez pu chïr qu'eune véche. Ç'a eune vraie fortune, eune bête en let.

— Vé rahon, que rapond mo père Benoît, errouètez-vôre ïn pô, j'n'y chongeôme za....

Lo père Benoît rempoutche set mére lépîne é Frïmbô et l'ettend qu'elle matèke bet ses piats.

Let grande jonéye errive: ïn lépin, douce, trôhe, quouette, jusque ionze lépïns que fè let pôre béte! mais i n'en avôme ïn très seûle do trô couleûrs, meu seulement ïnque de brigallé.

Lo paure pére Benoît atô bïn ennayï. I vè trouver lo grand Félix, l'hôme de let Delphine, qu'avô trévéyï dans les temps é Péris, chez ïn peintre en bètimin. I l'y raconte son histouère.

— Eh ben, qu'l'y dit en let lo grand Félix, çé n'm'atône meu, on n'y é mis qu'eune couche de couleûr é vote mére lépîne, ç'n'atôme za essez: i n'érô fallu z'y en matte doux couches; en let l'érô ettu traverséye et ses piats serïnt âheudjeu de let couleûr de let République.

lapins que fait la pauvre bête ! Mais, il n'y en avait même pas un seul de trois couleurs, pas seulement un seul de bigarré.

Le pauvre père Benoît était bien ennuyé. Il va trouver le grand Félix, l'homme de la Delphine, qu'avait travaillé dans les temps à Paris, chez un peintre en bâtiment. Il lui raconte son histoire.

« Eh bien ! Que lui dit comme ça le grand Félix, ça ne m'étonne pas ; on ne lui a mis qu'une couche de couleur, à votre mère lapine ; ce n'était pas assez. Il aurait fallu lui en mettre deux couches. Comme ça elle aurait été traversée et ses petits seraient aujourd'hui de la couleur de la République ». *(Les Contes de Fraimbois).*

Le lièvre de monsieur le curé

Dans le temps-là, le curé de Fraimbois était un chasseur enragé.

Un dimanche matin qu'il était parti à la chasse, il entend sonner le premier coup de la messe. Au même moment, voilà un lièvre qui lui passe dessous le nez. Au lieu de s'en retourner à l'église, voilà Mosseur Curé qui se met à courir après mon lièvre, comme s'il avait le feu au pantalon.

Il entre dans le bois. Pan, pan ! Le pauvre lièvre rue du cul une dernière fois et tombe sur l'herbe.
Le deuxième coup de la messe sonne.
« Attends, attends, que dit Mosseur Curé au lièvre, je vais te graisser les bottes [te préparer à mourir ; fait allusion notamment à l'extrême-onction donnée par le prêtre au mourant], va, peute [vilaine] bête ». Il le prend par les oreilles, et le fourre dans sa grande poche ; et puis, retroussant sa cotte, il se sauve au grand galop à l'église. Le dernier coup sonne.
Mosseur Curé entre, tout échauffé à la sacristie, et met son surplis [il serait plus conforme à la réalité de comprendre qu'il s'agit de l'aube] sur sa soutane sans songer à ôter son lièvre.
Il commence à dire la messe. Mais voilà qu'au moment de l'Elévation, l'enfant de chœur qu'était le fils du Maire, en relevant la chasuble, voit les pattes du lièvre qui passaient. Le pauvre petit en a été si estomaqué qu'il s'est sauvé en criant dans l'église : « Eh ! Mon Dieu, maman, voilà Mosseur Curé qui fait veau.
- Il fait veau, que dit la préfète de la Congrégation, ce n'est pas vrai, pense, malheureux !
- Mais si, mais si, il fait veau, que lui répond le petit épouvanté ; il fait veau, puisque j'ai vu les pattes ! »
L'affaire, depuis, s'est expliquée ; mais la pauvre préfète en est toujours restée sotte. *(Les Contes de Fraimbois).*

Le maire sans tête

Pendant la Révolution, des manres [mauvais] drôles étaient venus de Lunéville à Fraimbois pour démolir l'église. Ils l'avaient détériorée tout partout ; ils avaient cassé le bras d'une Sainte Vierge, le nez de sainte Agnès qu'était derrière les fonts baptismaux, et la tête d'un grand Bon Dieu qu'avait été donné à l'église de Fraimbois par le Monsieur de la Grande Récourt.
Les conseillers se réunissent, une fois la Révolution passée, pour remplacer le Bon Dieu cassé. Comme ils voulaient refaire un Bon Dieu en bois, ils vont dans un bois de Gerbéviller pour couper un arbre. Ils attachent le maire qu'était un fort homme après un chêne, pour avoir la hauteur du Bon Dieu, et puis ils coupent le chêne aux pieds du maire puis au-dessus de sa tête.

E. Bastien, libraire-éditeur, 24, rue Germain-Charier, Lunéville.

Contes de Fraimbois

LE LIÈVRE DE M. LE CURÉ

Dans lo temps lé, lo curé de Frïmbô ato ïn chessou enrégi. Ïn dimanche métïn qu'latô pétchi é lé chesse, 'entend sinner lo premeu cô d'lé masse. A même moment, val ïn livrâ qu'li pesse deso lo nez ! A lieu d'se rennaller à motet, val Mosseur Curé que s'mat é core éprès mo livrâ comme si l'avô lo feu é châsses.

L'enteure dans lo bô. Pan, pan ! Lo pôre livrâ roue li eu eune dèrére fois et cheu su l'épe.

Lo douzime cô d'lé masse sinne

— « Ettends, ettends, » qu'dit Mosseur Curé à livrâ, j'te vè grèhi les bottes, vè, peute bête ! » I lo prend pa les arailles et lo fourre dans sé grand pache et pu r'trossant sé cotte, i s'save à grand galop à motet. Lo déret cô sinné.

Mosseur Curé enteure, tôt éhâfi, é lé sacristie et mat so serpelis su sé soutâne sans chongi é rôter so livrâ.

I commence é dire lé masse, mè, val qu'à moment d'l'Élévation, l'enfant d'tchœur qu'âto lo feu di Maire, en erlevant lé chasuble, voit les pettes di livrâ que pessïnt ! Le pore petiat en ettu si estomaqué qui s'save en criant dans lo motet : « Eh, mon Dieu, maman, val Mosseur Curé qu'fè vé ! »

— « I fè vé, qu'li dit lé préféte de lé congrégation, ç'nam veré, pense, malheureux ! »

— « Mè si, mè si, i fè vé, qu'li rapond lo piat épouvanté, i fè vé pisque jè vu les pettes ! »

L'effère depeu s'est expliquée, mè lé pore préféte en a tojo d'mouéré sotte.

Comme le chêne était sur une élévation, le voilà qu'i se met à rouler, imaginez-vous, du haut en bas de la côte avec mon pauvre maire attaché après. Les conseillers courent pour le rattraper..., mais quand ils sont arrivés en bas, il trouvent le chêne dans le fossé, et le maire sans tête.
Le pauvre homme avait été tellement malmené par les pierres du chemin qu'on ne le reconnaissait plus, (on n'a retrouvé de sa tête qu'une oreille perdue dans une bouse !).
Voilà le conseil aux cent coups :
« - Notre pauvre maire, notre pauvre maire, qu'ils braillaient tous, il n'a pas plus de tête.
- Mais, que dit le châtreur de cochons qu'était conseiller, je ne me souviens pas de l'avoir vu avec sa tête quand il est venu avec nous ! »
Les voilà bien embarrassés ! Ils vont trouver sa femme :
« - Est-ce que le François avait sa tête en allant au bois ?
- Je ne sais pas, répond la pauvre femme en criant. »
Ils ont enterré le maire sans tête au cimetière. Sa femme s'est remariée avec un petit cultivateur et quand il s'en va à la charrue ou bien à l'auberge, elle a toujours soin de lui dire : « N'oubliez pas votre tête, Ugène, ne faites pas comme mon premier. » *(Les Contes de Fraimbois).*

E. Bastien, libr.-édit., 24, rue Germain-Charier, Lunéville — Repr. interdite

Contes de Fraimbois.

LE MAIRE SANS TÊTE

Pendant lé révôlution, des man
drôles atîn v'nus de L'ninville
Frïmbô po démoli lo motet. L's
héchi to patiot, kécé les brès d'e
sainte Vierge, lo nez de sai
Agneusse qu'ato deri les fonts et
tête d'ïn grand bon Dieu qu'avô e
béyï à motet d'Frïmbô pa lo mon
d'lé Grand Rêco!

Lo Conseil se réunit, quand lé ré
lution éttu ioute, po rempiéci lo b
Dieu kècé. Comme ils vlïnt erfaire
bon Dieu en bô, ils vont dans in
d'Gerbieller po couper ïn èpe. L'e
chont lo maire qu'ato in fort hôm
éprés in chène, po aouet lé hâtou
bon Dieu épu ils coupont lo chèn
pies di maire èpu a dessus de sé t

Comme lo chène ato su eune él
tion, lo val que s'mat é rouler, ma
nove, di hâ en béhe de lé côte avo
paure maire ettéchi éprès. Les conse
coront po lo rettraper... mè qu
l'ont errivé en béhe, i trouvont
chène dans lo fossé et lo maire sans tête.

Lo pore hômme avo ettu tellement mâmouéné par les pires di chemïn qu'on n'lo reconnahôza pu (on r'trouvé d'sé tête qu'eune arâille pédjue dans eune bouse!)

Val lo conseil à cent cô. « Not' paure maire, not' paure maire qui bréyïnza toutes, in né pu d'tête! »

« Mais, qu'dit lo chétrou d'couchons qu'atô conseillï, je n'me sovime de l'aouet vu avo sé tête quand lé avo no! » Les val bïn embaressés! Ils vont trouver sé fôme: « Est-ce que lo François avô sé tête en al
ou bô. » — « Je n'sais, qu'rapond lé pôre gent en criant! » L'ont entaré lo maire sans tête é l'étrèye
fôme s'est remérié avo ïn hartar et quand i s'en vé é lé charrue ou bïn é l'auberge, lé tojo soin d'li d
« Enne raublième vote tête, Ugène, enne faites meu comme mo premeu! »

Le marié capricieux

Le Colas Mulson, le marchand de peaux de lapins de Romagne, devait se marier avec la Zélie Cornabieu de Véry.
A eux deux, ils n'étaient pas fort riches, allez ! Les gens disaient qu'ils ne possédaient que la mauvaise chemise qu'ils avaient sur le dos.
Bref, c'était deux pauvres malheureux qu'on avait plus envie de plaindre que de jalouser. Et puis, le sacré bougre de Colas se mettait en ribote à tout le champ. Quelquefois, en rentrant de sa tournée, il ne lui restait pas une seule peau sur sa hotte ; il les avait toutes répandues en faisant la culbute dans les fossés.
Quand il sentait une pièce d'avance dans le gousset, il se dépêchait de courir à l'auberge, pour commander un petit verre d'eau-de-vie.
La mère Laurent, la débitante, lui faisait pourtant quelquefois la morale, mais, penses-tu ! Il ne voulait rien entendre et il se fâchait tout rouge quand on lui refusait la goutte [eau-de-vie].
Ce n'était pas tout de même, un méchant sujet. Il avait plus de « gueule que d'effet ». Bref, voilà le Colas et la Zélie bien décidés à se prendre pour homme et femme. Le jour convenu, notre marié, comme de juste, avait sa cuite des... cérémonies.
Le maire, le père Bonenfant, un ancien qui avait fait son temps aux Zouaves, n'a pas voulu les unir. Il a donc fallu, bon gré, mal gré, qu'on remette l'affaire au lendemain.
Vous vous doutez bien que cela ne faisait pas l'affaire de la Zélie ni des quatres invités qu'ils avaient pour la noce, la si petite noce, allez !
Le Colas a pourtant promis, sur la tête de son père défunt, qu'il ne recommencerait pas, et qu'il resterait à jeun jusqu'à midi. Serment d'ivrogne ! Il était quasiment ivre-mort pour se rendre à la maison commune.
Ce coup là, le père Benenfant s'est mis en colère, et numéro un.
Il a dit à la Zélie :
« - Vous ne sauriez donc pas venir avec lui sans qu'il soit « pompette » [ivre].
- Que vous avez donc bien facile à dire [c'est bien facile à vous de le dire], vous, répond la pauvre femme ; quand le Colas est de sang frais, il ne veut plus se marier ! » (G. Lionnais, traduit du patois).

Le monde est drôle

La petiote Marcelle-là a le diabe dedans les yeux ; sa mère n'est pourtant pas belle, allez, avé sa grosse gorge et ses jambes pleines « d'évarisses ». Et pis c'est des gens qui n'ont pas grand-chose. Ça va son p'tit train train, comme ça. Mais c'est haut et fier ; ainsi, on m'a conté qui z'avaient eu le toupet d'emprunter à sept du cent pou mette leur gamine en pensiun, histoire de la sortir un peu. Quand cette piote mâtine-là est r'venue chez eux, elle n'a pus fait que de la broderie. La mère avait de l'ouvrache par-dessus la tête, la garce ne li aurait pas seulement donné un coup de main. Elle fait aussi bien de se marier avé un homme en place ; c'est pas ça qu'i faut à un cultivateur. C'est bun pou ête mignotée, pou s'foute de la poudre su la margoulette et pou s'laver les mains trente-six fois par jour. Comme si on avait l'temps-là, nous autes, de faire tant de chieries [manières]. Ça n'est bun à rien, qu'à faire une femme de la ville. Les deux vieux travailleront plein leurs bras et quand i mourront, on bazardera le saint-frusquin (L. Florentin).

Le Philippe cumule

Le Barnabé Falalu, un vieux gendarme retraité, n'avait pas d'autre distraction, dans son méchant village, que d'aller à la messe tous les dimanches !

Au dernier coup de l'office, hiver comme été, qu'il pleuve ou qu'il vente, on le voyait s'en aller avec sa belle blouse raide, sa haute casquette de soie, ses souliers reluisants à l'ordonnance, et son gros livre sous le bras.

Il était toujours accompagné de son petit garçon, le Philippe, un enfant de neuf ans, qui avait autant de ruse qu'un singe, ma parole.

Le père Barnabé le faisait s'asseoir à côté de lui dans son banc, devant la chaire à prêcher.

Quand le curé parlait trop longtemps, les jours de fête, surtout, notre gendarme y allait d'un petit somme et ne se réveillait, avec des yeux comme le poing, qu'à la fin du sermon.

Vous vous doutez bien que monsieur le curé, qui voyait cela, n'était pas des plus contents.

Une fois, il fait venir le Philippe à la sacristie, et lui dit, comme ça :
« - Ton grand-père dort chaque fois que je prêche : c'est une grande insulte au Bon Dieu et il faut que cela cesse. Je te donnerai donc deux sous, tous les dimanches, avant la messe, pour que tu l'empêches de dormir.
Tu n'auras qu'à lui tirer un peu la blouse lorsque tu le verras commencer à fermer les yeux... As-tu compris ?
- Oui monsieur le curé ; n'ayez pas peur, il ne dormira plus, allez ! »
Durant quelques dimanches, le truc a, ma foi, bien réussi. Aussitôt que le grand-père faisait mine de cligner des paupières, son petit garçon empoignait un pan de la blouse et tirait deux ou trois coups secs.
Le vieux comprenait le mouvement et résistait jusqu'à la fin du prêche.
Mais, voilà-t-il pas qu'à la fête de l'Assomption, comme on étouffait de chaleur à l'église, le père Barnabé, pendant le sermon, se met à piquer des têtes je ne vous dit que cela !
Au bout de cinq minutes, il ronflait, comme un cochon qui vient de vider son bac..., au respect que je vous dois.
Les gens se retournaient et faisaient des signes au gamin pour qu'il le réveille.
Le sacré Philippe ne bougeait pas...
Après la messe, le curé le curé le fait encore venir à la sacristie, et lui dit sévèrement :
« - Bougre de petit vaurien ! Je te donne deux sous pour empêcher ton grand-père de dormir, et tu le laisses ronfler, un jour de grande fête, encore ! Tu n'as donc pas vu qu'on se retournait sur lui, et qu'on te faisait signe de le réveiller ?
- Point de danger, monsieur le curé ; vous me donnez bien deux sous pour que je l'empêche de dormir ; mais lui m'en donne cinq pour que je le laisse tranquille. » (G. Lionnais, traduit du patois).

Le Prussien et le petit gamin

C'était durant la guerre [de 1870]. Les Prussiens [synonyme d'Allemands pour tous les Lorrains] étaient à Fraimbois.
Une fois, un grand uhlan [cavalier de l'armée allemande] qu'avait appris le français dans les école arrête, devant l'église, un petit gamin qu'allait chez les Mirguet chercher du lait caillé pour sa mâmiche [grand-mère] :

Contes de Fraimbois.

LE PRUSSIEN ET LE PETIT GAMIN

C'atò dans lo temps de let guerre. Les Prussiens atin
Frïmbô.

Eune foué, ïn grand hulan qu'avô eppris lo français dans les z'àcoles errête, devant lo motet, ïn piat gamin qu'allô chez les Mirguet quouéri di maton po set mâmiche.

— Egoute, mon bedit carzon... que dit lo Prussien... che te donne un thaler si tu jette bas ma casguette sans sauter en l'air !

C'n'atôme malïn, majunove, lo prussien let atô hâ to prêche de dou métres.

Mais, met rèce li rapond :

— Eh ben, meu, je te béye cent sous si te biche mo tchu sans t'acripoter...

Lo voleur de relôches é foutu le camp sans demander s
èhe !

« Egoute, mon bedit carson..., que dit le Prussien... che te donne un thaler si tu jettes bas ma casguette sans sauter en l'air ! »
Ce n'était pas malin, imaginez-vous ; le haut Prussien-là avait près de deux mètres de haut.
Mais mon gamin lui répond :
« Eh bien, mois je de donne cent sous si te baises mon cul sans t'accroupir... »
Le voleur d'horloges [surnom habituel des Allemands qui avaient volé les horloges des clochers et les cloches des églises] a foutu le camp sans demander son reste. *(Les Contes de Fraimbois).*

Le Q de Quatherine

Vous savez déjà bien que le maire de Fraimbois n'était pas fort savant.
A l'âge de sept ans, le pauvre homme (qu'était un gamin à l'époque-là), gardait les vaches dans les champs pour les cultivateurs.
Une fois que le maître d'école n'était pas là, le maire avait marié la Catherine Mirguet, et puis il avait transcrit sur son registre le nom de la Catherine comme ça : Quatherine. L'adjoint qu'était un malin a ri une bonne goulée en voyant cela :
« - Ce n'est pas la peine d'être maire de Fraimbois pour faire des bêtises comme ça, qu'il dit au maire, il ne faut pas laisser le nom-là parce que les gens de Lunéville se foutraient de nous.

Contes de Fraimbois.

LE Q DE QUATHERINE

Ve savez jé bïn que lo maire de Frïmbo n'atôme tot savant. É l'èche de sept ans, lo pôre hôme, — qu'atô eune rèce et l'époque let, — ouédjô les véches à champs po les rabourous. Eune fois que lo maite d'acole n'atôme tolet, lo maire é mérié let Catherine Mirguet et pu let transcrit su so régiste lo nom de let Catherine enlet : Quatherine. L'adjoint qu'atô ïn malin é rit eune bonne goléye en ouéyant celet : « Ç'name let pouéne d'êt' maire de Frïmbo po tère des bêtises en let, qui dit à maire ! I n'fâme lèyï lo nom let pasque les gens de L'ninville se foutrint de no ».

« Ben oui, que rapond le maire, mè ça ca bïn éhi de dire.... Comment fère ? »

Les vale assi emberressés l'ïnque que l'âte.

E fôhe de cherchi, l'adjoint hôye lo banouè avo so grand sèbre que pessô su let route « : Venan toce, Batisse, prend to sèbre, te mattrai lo bout su lo régiste et te gretterai lo Q de Catherine ».

Lo banouè é tant grettè qu'leté fè ïn trou dans lo Q de met saprée garce. Mè, tot de même, on n'ouéyo pu let latte « impure », comme dehïnt les chères sœurs dans lo temps.

Quand lo Q ettu bïn gretté, lo maire é écrit su lo régiste, é lé piéce bienche di fouillat : « Lo Q de Catherine ettu grettę avo lo sèbre di Banouè, Batisse Bâzu ».

E. Bastien, libraire-édit., 24, rue Germain-Charier, Lunéville. — Reproduction interdite.

- Eh bien, oui, que répond le maire, mais c'est encore bien aisé [facile] à dire... Comment faire ? »

Les voilà aussi embarrassés l'un que l'autre.

A force de chercher, l'adjoint appelle le garde-champêtre, avec son grand sabre, qui passait sur la route : « Venons ici, Batisse, prends ton sabre, tu mettras le bout sur le registre et tu gratteras le Q de Catherine. »

Le garde-champêtre a tant gratté qu'il y eut un trou de fait dans le Q de ma saprée [sacrée] garce. Mais, tout de même, on ne voyait plus la lettre « impure », comme disaient les chères sœurs dans les temps.

Quand le Q a été bien gratté, le maire a écrit sur le registre, sur la place blanche de la feuille : « Le Q de Catherine a été gratté avec le sabre du garde-champêtre, Batisse Bâzu... » *(Les Contes de Fraimbois).*

E. Bastien, lib-édit., 24, rue Germain-Charier, Lunéville

Contes de Fraimbois.

LE RATEAU

I né tchèques annéyes, in hôme de Frïmbô avô ettu é l'Esposition é Péris.

Et comme l'y avô demouéré hieu jô, quand let reveni é Frïmbô, i n'savôza pu lo patoué.

L'avô écheté é Péris ïn bé rochat, ïn nue chépé et eune père de solé que li allïn tot bïn.

I s'en vè à paquis po vôre les gens que fiïn-za les rouéyïns.

L'atô tellement chïngi qu'les gens n'lo reconahint pu.

— Mè, ça ïn Monsue, que dit lé Laïtte en lo ouéyant.

Et lu que fio sé m... armolèque et que n'se sento pu pater depeu qu'l'avô ettu é Péris, li rapond :

— Comment qu'vous dites, Madame?

— Ah! lo drodjin, que dit mé Laïtte, mè i sait lo Français, é c't'houre!

— Evidemment, que redit mon Périsïn.

Et comme i n'avô ïn rété qu'atô su lo rouéyïn, po s'fère valôre, mo macroe dit en let :

— Mais, comment que ça s'appelle l'affaire là en patois?

Et en dehant celét, l'avô mis so pie su les dents di rété qu'atô su let bocotte.

To d'ïn cô lo rété s'erluve et lo manche vïnt li foute ïn cô juste su lo nez.

— Ah! lo sapré vingt vérets *d'rété* qui s'mat et crier, je m'sovïn bïn d'to nom é c't'houre. Ce n'fé rïn, fâ reveni è Frïmbô po trouver des rétés en let. Si j'avô sévu, j'érô bïn demouéré é Péris.

Le rateau

Il y a quelques années, un homme [habitant, paysan] de Fraimbois avait été à l'Exposition à Paris. Et comme il y avait resté huit jours, une fois revenu à Fraimbois il ne savait plus le patois.

Il avait acheté à Paris une belle redingote, un neuf chapeau et une paire de souliers qui lui allaient tout bien.

Il s'en va au paquis [pâturage, pré] pour voir les gens qui faisaient alors les regains. Il était tellement changé que les gens ne le reconnaissaient plus.
« Mais, c'est un Monsieur » [bourgeois] que dit la Laïtte [Adélaïde] en le voyant. Et lui, qui faisait son merdeux et qui ne se sentait plus péter depuis qu'il avait été à Paris, lui répond :
« Comment que vous dites, Madame ?
- Ah ! Le drôle de gaillard, que dit ma Laïtte, mais il sait le français, à cette heure !
- Evidemment », que reprend mon Parisien.
Et en disant cela, il avait mis son pied sur les dents du râteau qu'était sur le tas de regain.
Tout d'un coup, le râteau se relève et le manche vient lui foutre un coup juste sur le nez.
- « Ah ! Le sapré [sacré, juron] vingt verrats de râteau, qu'il se met à crier, je me souviens bien de ton nom à cette heure. Ça ne fait rien, faut revenir à Fraimbois pour trouver des râteaux comme ça. Si j'avais su, j'aurais bien demeuré à Paris ». *(Les Contes de Fraimbois).*

Le rouleau à vapeur

La première fois que le rouleau à vapeur vint pour rempierrer la grande rue, le gros Jules qui pesait bien trois cents [livres soit 150 kg] regardait de tout près. Il fit un faux pas, trébucha et il passa dessous l'engin. Il était aplati comme une quiche !
Ceux qui se trouvaient là l'emmenèrent chez lui, ils clenchèrent [actionnèrent la clenche] la porte, mais elle était fermée. Sa femme l'Adélaïde, qui était bavarde comme une pie borgne, était allée bavarder on ne sait où. Ils ne voulurent pas le laisser devant la maison, ils le glissèrent en-dessous de la porte... (J. Boulangé, traduit du patois).

Pages suivantes, dessin de Clément Kieffer.
- Tu n'as pas encore ta médaille de... nicheuse... donc toi ?

T'N'ÉS-ME CA TÈ MINDAYE DE....

NICHERASSE.......... DONC TÉ ? ....

Le Saint-Esprit

Le Curé de Fraimbois était, un beau dimanche, en prêche, à l'église.
Avant la messe, il avait dit au sacristain : « Ecoute, Batisse [Jean-Baptiste], je veux ramener mes brebis au bercail. Te feras un trou dans le plafond de l'église, et te prendras un pigeon, et quand je dirai : « Esprit-Saint, descendez-en nous ! », te lâcheras le pigeon par le trou, et il volera dans l'église ».
Le Batisse était à son poste avec son pigeon.
Mosseur Curé, après avoir parlé du bon Dieu, des saints, se met à dire en regardant le ciel : « Esprit-Saint, descendez-en nous ! »
Rien ne descend !
Mosseur Curé recommence : « Esprit-Saint, descendez-en nous ! »
Rien ne descend !

E. Bastien, libr.-édit., 24, rue Germain-Charier, Lunévill – Repr. interdite

Contes de Fraimbois.

LE SAINT-ESPRIT

Lo curé de Frïmbô atô, ïn bé dimanche, en prâche, à motet. Avant lé masse, l'avô dit à Sacristain : Acoute, Baptisse, je vue ramouéner mes berbis à bercail. Te ferai ïn trou dans lo plafond di motet et te panré un pïngeon et quand je dirè : *Esprit-Saint, descendez-en nous !* te laicherai lo pïngeon pa lo trou et i volerait dans lo motet.

Lo Baptisse ato é so poste avo so pïngeon.

Mosseur Curé éprès aouet pêlé di Bon Dieu, des Saints, s'mat é dire en rouètant lo ciel : *Esprit-Saint, descendez-en nous !*

Rïn ne déhant !

Mosseur Curé ercommence : *Esprit-Saint, descendez-en nous !*

Alors, lo Sacristain qu'âtô tojo su lo hà pesse lé main pa lo trou avo lo pïngeon que nermouô pu et hûle tant qui pue : I nem mougïn, Mosseur Curé, lo pïngeon a cravé ; j'lé étolfii sans fère ettention toté l'houre, en fiant lé répétition.

Mosseur Curé recommence : « Esprit-Saint, descendez-en nous ! »
Alors, le sacristain qu'était toujours au grenier [mot-à-mot : sur le haut] passe la main par le trou avec le pigeon qui ne remuait plus, et hurle tant qu'il peut :
« Il n'y a pas moyen, Mosseur Curé, le pigeon est crevé ; je l'ai étouffé sans faire attention tout à l'heure, en faisant la répétition ».

Le sapin condamné à « crever »

Le Victor était dans sa quatre-vingt-quinzième année. Il ne quittait plus son fauteuil roulant, et paraissait de plus en plus « absent ». Tout laissait croire qu'il ne vous reconnaissait plus lorsque vous veniez le saluer, lui et une fille qui s'occupait admirablement de son vieux père, attentive à ses plus minces désirs. Un jour, de retour au village pour quelques jours, son neveu Gaston alla rendre visite au « tonton », comme on l'appellait affectueusement, et à Mathilde sa fille. Le Victor, prostré, dormait, ou laissait croire qu'il était assoupi.

« - Tu sais, dit Mathilde à Gaston, l'Etienne est mort.

- Ah ! bon. Chez lui, où ça ?

- A la Pichotte, dans les Vosges.

- Ah ! bon

- Tu sais qu'il a voulu être incinéré. Il n'aimait guère les curés... Il avait exigé de sa femme qu'elle répande ses cendres sous le grand sapin du bout du jardin, où il aimait se reposer

- Ah ! bon... »

Et tout à coup, une voix chaude et enjouée se fit entendre, distincte et bien frappée, celle du Victor qui intervenait, tel un juge martelant un arrêt : « Eh bin ! cette fois-ci, le sapin pourrait bien en crever pour de bon ! ».

Le télégraphe

L'année passée, l'Ursule reçoit de son fils qu'était soldat à Nancy, la lettre suivante :

« Ma chère maman, je me porte bien, mais je suis ennuyé. J'ai une paire de souliers qu'est usée. L'adjudant veut me mettre en prison. Envoie-moi-z'en une paire de neufs le plus tôt possible. Si notre truie a fait cochon, te me le diras. Te me diras aussi si le Minique va bientôt se marier ; voilà déjà longtemps qu'il va voir blonde [fréquente sa fiancée]. Je t'embrasse bien fort. Réponds-moi tout de suite pour les souliers. »

Voilà l'Ursule bien embarrassée. Elle va trouver la sage-femme qui

E. Bastien, libr.-édit., 24, rue Germain-Charier, Lunéville — Repr. interdite

Contes de

1. — LE TÉLÉGRAPHE

L'ennéye pesséye l'Ursule reçô de so feu qu'ato soldè é Nancy l
latte çeu : « Mé chère moman, je me pouque bïn mè ja bïn ennay
Jè eune père de solés qu'a useye. L'adjudant vue m'matte e
prihon. Evouïé me-z'-en eune père des nues lo pu tôt possipe. S
not cache é fè couchon, teu m'lo diré. Teu m'diré assi si lo Miniqu
vè bintôt s'mérier : vale jé longtemps qui vè vôre blonde. Je t
biche bïn fort. Rapomene tout suite po les solés. »
Val l'Ursule bïn embarresséye. Elle vé touver lé ség-fôme qu
d'mouérô déri chïn léye. Elle lé trouve é so mai quatô banjoi
dant di sïn. « Si vote Ugène é bezan d'ses solés tout suite, que d
lé ség-fôme é l'Ursule, fâ les zy evouyï pa lo télégraphe, cé v
bïn pu vite que lo chemïn d'fer que mé dit lé receveuse de Ge
bieller. »
L'Ursule éjeute eune père de solés épu elle vè deva ïn poteau d
télégraphe. Elle grimpe en hâ de lé pêhe et elle ma les dou sol
su lo fil. « Enlet, note Ugène les éret tout suite. » Et elle s'en v
bïn contente.

E. Bastien, libr.-édit., 24, rue Germain-Charier, Lunéville — Repr. interdite

Contes de Fraimbois.

2. — LE TÉLÉGRAPHE

Eune d'meu ioure éprès, ïn pôre diape pessô su lé route ; i ou
les solés nues su lo télégraphe et s'dit : « Val bïn mon effère ; j'
è justement que n'valont pu rïn et qu'bayont les djeûle comm
des ohés qu'ont faim ; j'men vé les panre et matte les mïn é
pièce ! » Quand lo changement ettu fè i sé en allé en chantant :

Foutïn, foutaise,
Quand mon.... nez s'ret jerdini
Te mengerai des fraises !

Lo lennedemain, lé mère Ursule ervïnt vôre lo télégraphe
l'ettu bïn èhe, allez, quand let vu les vieux solés que s'chargant
su lo fil : « Ça eune sapré invention, lo télégraphe-let, tot-d'mêm
Non seul'ment qu'let jé reçu ses nues solés, not Ugène, mè i n
jet revouyï les vieux ! »
Por meu, j'vo diré qu'lo télégraphe de Frïmbô a ca mie
inventé qu'lo télégraphe sans fil de Mossieu Bichat !

demeurait derrière chez elle. Elle la trouve au jardin qu'était contigu au sien : « Si votre Ugène a besoin de ses souliers tout de suite, que dit la sage-femme à l'Ursule, faut les lui envoyer par le télégraphe ; ça va bien plus vite que le chemin de fer, que m'a dit la receveuse de Gerbéviller. »

L'Ursule achète une paire de souliers, et puis elle va à côté d'un poteau du télégraphe. Elle grimpe en haut de la perche, et elle met les deux souliers sur le fil : « Comme ça, notre Ugène les aura tout de suite ». Et elle s'en va bien contente.

Une demi-journée plus tard, un pauvre diable passait sur la route. Il voit les souliers neufs sur le fil télégraphique et se dit : « Voilà bien mon affaire ; j'en ai justement qui ne valent plus rien, et qui ouvrent la gueule comme des oiseaux qu'ont faim. Je m'en vas les prendre et mettre les miens à la place. » Une fois le changement fait, il s'en est allé en chantant :

« Foutin, foutaise,
Quand mon... nez sera jardinier
Te mangeras des fraises. »

Le lendemain, la mère Ursule revient voir le télégraphe ; et elle a été bien contente, allez, quand elle a vu les vieux souliers qui se balançaient sur le fil : « C'est une sacrée invention, le télégraphe-là, tout de même. Non seulement voilà qu'il a déjà reçu ses neufs souliers, notre Ugène, mais il m'a déjà renvoyé les vieux. »

(*Les Contes de Fraimbois*).

Le Titisse

Il y avait le Titisse qui était mort à Gerhaudel. Et le Jozon de Sèhïne, c'était un chenapan, oui, il faisait des sabots ; il disait qu'il faisait des sabots, mais il n'en faisait guère, il cherchait toujours à laper de l'alcool, du temps-là, parce qu'on ne buvait pas de vin, ce n'était pas comme maintenant. Ça fait qu'il descendit vers 9 h du soir, pour jeter de l'eau bénite chez mon Titisse [asperger le corps d'eau bénite en faisant le signe de croix] qui était mort. Il arriva là-bas, et je te bavarde, et je te bavarde, d'un côté et de l'autre (du mort).

Ça fait que, à minuit, les gens goûtent, c'était la coutume du temps-là ; ça fait qu'on goûtait avec du lard, encore du pain, on lapait une goutte d'alcool, on buvait le café après. Et puis la famille, ma foi, ce n'était pas un grand deuil, les gens s'en vont au lit. Ça fait que vers deux heures du matin, il ne savait vraiment pas quoi faire. Il avait pris un morceau de bois pour le tailler un peu, pour faire un sabot. Ça le faisait chier de rester là.
Il « arrange » sa pipe et puis il fume sa pipe. Mais le grand diable, c'est que le Titisse n'était pas mort pour de bon. Il a eu de la fumée de tabac dans le nez. « Tiens, mais regarde donc ! » Il ouvre un œil. Il voit mon Jozon qui faisait des sabots, il dit : « Qu'est-ce que c'est que ça que tu fais là, toi, qu'il dit, hé hé, quand on veille les morts, on ne fait point de sabots, on ne fume pas la pipe. »
Mon Jozon d'un coup qui se met en colère, il prend son morceau de bois, son sabot, et puis, il dit : « Tiens toi, quand on est mort on ferme sa gueule. » Il te lui a foutu le sabot sur le nez ; il fut mort pour de bon le coup-là, on n'en parlait plus. (R. Grandclaude, traduit du patois).

Le tonneau d'eau

Dans les temps, à la saison des vendanges, les gens du village donnaient au curé une cruche de leur vin. Ils venaient le mettre dans un tonneau qu'était derrière l'église. L'année-là, les raisins étaient tout beaux, et mosseur curé se frottait les mains en disant : « C'est bon, c'est bon, je vas boire du bon vin ; je veux que le curé de Saint-Clément en soit rond » [ivre].
Pendant les trois journées qu'avaient duré les vendanges, les gens apportèrent leurs cruches de vin qu'ils versaient, dehors, dans le tonneau. Le soir, mosseur curé voulut goûter le vin et demanda à sa bâbette [gouvernante] (elle s'appelait Louise, et elle portait une résille sur la tête, la pauvre innocente) de lui apporter une anglaise[1] [bouteille à ventre renflé d'une contenance de 3/4 de litre] du tonneau. Mais où est-ce que le pauvre homme fut bien estomaqué, c'est quand il vit qu'il n'avait que de l'eau de source dans sa cochonne d'anglaise.
Et voici l'explication de l'histoire ! Les gens avaient tous eu la même idée ; chacun s'était dit par devers lui : « Je vas mettre une cruche d'eau dans le tonneau, mosseur curé ne le sentira pas dans la quantité ».

Contes de Fraimbois.

LE TONNEAU D'EAU

Dans les temps, é lé sahon des vendanges, les gens di villège béyïn à curé eune cruche de zoute vïn. Ils venïn lo matte dans ïn tonné qu'ato deri lo motet. L'annéye-lé, les réhïn atïn tot bé et mosseur curé esfrottô les mains en d'hant : « La bon, la bon, j'vè bouére di bon vïn ; j'vue qu'lo curé de Saint-Tcheuma en soye ronsô ! »

Pendant les trô jonéyes qu'ont duri les vendanges les gens apoutchèrent zoue cruches de vïn qui versïnt é fue dans lo tonné.

Lo souère, mosseur curé vue goûter lo vïn et dit é sé babette (elle se hoyô Louise et l'avô eune résille su sé tête, lé pôre innôcente), de li apouquer eune anglaise di tonné. Mé ouasque la pôre hôme fut bïn estomaqué, ça quand l'é vu qui n'avô que d'lâoue de fontaine dans sé cache d'anglaise.

Et vace l'explicâtion l'l'histouère ! Les gens avïn toutes évu lé même idéye ; chéquïn s'avô dit to perlu : j'vè matte eune cruche d'âoue dans lo tonné, mosseur curé enne lé senteréme dans lé quantité. Et en let, lo Coliche, lo Francis, lé Minette, lé Sidonie, lo gros Joujou, lé grosse bête de Pastel et toutes les âtes avïn foutu zoute vïn de rupt dans lo tonné !

I n'en éro fallu bécô en lé di vïn po qu'lo curé de Saint-Tcheuma soye ronsô !

Et comme ça, le Coliche [Nicolas], le Francis, la Minette, la Sidonie, le gros Joujou, la grosse bête de Pastel et tous les autres avaient foutu leur vin de ruisseau dans le tonneau.
Il en aurait fallu beaucoup, comme ça, du vin, pour que le curé de Saint-Clément soit rond ! *(Les Contes de Fraimbois).*

Le vélo

L'Honorine allait à confesse la veille de Pâques ; en arrivant devant l'église, elle vit la Thérèse qui faisait le tour du cimetière : « Qu'est-ce que tu fais ? », lui demanda-t-elle.
La Thérèse lui répondit : « Je viens de me confesser, Monsieur le Curé m'a demandé combien de fois j'avais trompé le Jules ; je lui ai répondu quinze fois. - Comme pénitence, vous ferez quinze fois le tour du cimetière », m'a-t-il dit.
« Eh bien !, si c'est comme cela, pensa l'Honorine, je vais m'en aller chercher mon vélo, j'irai plus vite à faire ma pénitence ! ».

Le vieil homme qui avoit deux vits...

Il estoit une fois un déjà vieil homme qui n'avoit onques pris femme. Ses amis en estoient moult affligés et dolenz. Li uns de ses voisins estoit veuf, et n'avoit qu'une jeusne fille. La pucelle estoit belle et jolie, telle que jamais n'en trouverez mieux faite et davantage parée de toutes les beautés du corps et de l'esprit. Elle plut au vieil homme. Le jour des nopces fut convenu entre le père de la pucelle et le seigneur qui estoit déjà vieux, mais riche, et qu'une vive flamme consumoit désormais d'estreindre femme en son lit. Le soir du beau jour de leur nopces estoit enfin arrivé. La gente demoiselle, craintive et tremblante, s'estoit couchiée la première. Le vieux mari avoit ostés ses vestemenz de feste, ses brais et sa chemise. Enflammé du plus bruslant desir, il s'aprestoit a saisir sa tendre et blanche mulier dans ses bras, quand elle entraperceut son vit qu'estoit tel que onques ne peussiez en trover plus grand et plus gros :

« - Chiers sire, je crains que ne me faciez grant mal ; de grace, par pitié, merci... Me veci toute tremblante, veant ceste nouveauté... ; il me sierait que l'affaire fust reconduite à demain...

- N'aiez peeur, m'amie, ma doulce aimée, respondit le mari, Dieu tout puissant qui crea le monde a ottroié aux maris deux vits, l'un grant, l'autre petit. Cestui que vous veés ici est le petit, le plus grant viendra plus tard, quant vous aurez pris vostre desduit à souhait... »

La chose pleut moult vite à la dame, qui trouvoit que les journées estoient bien longues, et les nuictées trop courtes. Le soir du septième jour, elle interpella tendrement son mari fatigué, et qui s'aprestoit à dormir, et lui dist : « Au nom du Ciel qui nous aime, chiers sire, doux et puissant mari, baillez-moi à ceste heure vostre grant vit. Le petit me semble moult faible et chétif... ».

Ou tel est pris qui cuidoit prendre.

[A quelques mots ou expressions près volontairement maintenus d'un vrai fabliau du Moyen Age devenu « fiauve » chez nous en Lorraine, cette histoire « à rire » m'a été contée il y a quelques années par C. L., mon père].

Le vin du curé de Fraimbois

Le curé de Fraimbois voyait qu'on buvait le vin qu'il mettait à la sacristie pour dire sa messe. Après avoir bien cherché, il soupçonna son sacristain. Une belle journée, il lui dit :
« - Dis donc, sacristain, il y a longtemps que te ne t'as pas confessé.
- Je ne fais point de mal, dit le sacristain.
- Ça ne fait rien, t'es de la maison, faut donner le bon exemple.
- Eh bien, on ira, répondit l'homme. »
Quelques journées après, le sacristain alla se confesser. Il avait fini, que le curé attendait toujours ; mais il ne parlait pas du vin. Le curé, fâché, lui crie : « Qui est-ce qui boit le vin de son curé ? » Point de réponse. Un peu plus fort : « Qui est-ce qui boit le vin de son curé ? » Toujours rien. Alors, tout fâché, le curé crie tant qu'il peut : « Qui est-ce qui boit le vin de son curé ? » Mais rien.
Le curé se lève, et ouvrant la porte du confessionnal, il dit au sacristain : « Te pourrais bien répondre quand on te cause ! » Le sacristain répondit enfin : « Je n'ai rien entendu ; on entend rien. Tenez, prenez ma place et je prendrai la vôtre. » Quand ils eurent fait l'échange, le sacristain dit : « Qui est-ce qui a rembrassé la femme du François ? »

E. Bastien, libr.-édit., 24, rue Germain-Charier, Lunéville – Repr. interdite

Contes de Fraimbois

LE VIN DU CURÉ DE FRAIMBOIS

Lo curé de Frïmbô voyo qu'on buvo lo vin qui matto et lé sacristi po dire sé masse. Après aoué bïn coiri y soupçonneu so sacristain. Eune belle jonnaye, y li d'heu :

« Di don, sacristain, y est longtemps que te ne temme confessé ». — « Je ne fai poin de mâ », d'heu lo sacristain. « Ça ne fai rïn, ta de lé mahon, fa beyi lo bon exemple. » « Et bïn, on y vret », repondo l'homme.

Quelques jonnayes éprès lo sacristain alleu se con fessé. Quant l'èveu fai, lo curé attendo tojo, mais y ne paleme di vin. Lo curé fachi li crieu : « Quiasque boit lo vin de so curé ? » Point de réponse ; in po pu fort : « Quiasque boit lo vin de so curé ? » Tojo rïn, alors to fachï lo curé criè tant qui pouveu : « Quiasque boit lo vin de so curé ? » Mais rin. Lo curé se leveu, et ouvrant lé poque di confessionnal, y d'heu à sacristain : « Te pourro bïn réponde quand on te cose ». Lo sacristain répondeu de même : « Je n'ai rin oyi, on n'oye rin. Tenez, prenez mè piesse et je prenrai lé vote. Quand l'eveuhe changi, lo sacristain deheu : « Quiasqué rembressé lé fôme di François ? » Point de réponse : « Quiasqué rembressé lè fôme di maire ? » Tojo rin ; to fort : « Quiasqué rembressé mé fôme ? » rien ; lo sacristain sorteu di confessionnal et lo curé li tapan su l'épâle li deheu : « Té rahon, on n'oye rin de to ».

Point de réponse : « Qui est-ce qui a rembrassé la femme du maire ? »
Toujours rien. Tout fort : « Qui est-ce qui a rembrassé ma femme ? » Rien.
Le sacristain sort du confessionnal, et le curé, lui tapant sur l'épaule, lui dit : « T'as raison, on n'entend rien du tout. » *(Les Contes de Fraimbois).*

Les aliénés de Fraimbois

Il y a déjà longtemps de cela, le préfet avait écrit une lettre au Maire de Frambois pour lui demander combien qu'il y avait « d'aliénés » dans son village.
Qu'est-ce que ça peut bien être, des « aliénés », que disait le maire, en mangeant la soupe le soir avec sa femme, dans son poêle ? »
[belle chambre à donner, et où l'on « reçoit »].
Il va trouver le maître d'école :
« - Des aliénés, que lui dit l'autre-ci, ce n'est pas, bien sûr, des taureaux, ni des poules, ni des chèvres, c'est... « des aliénés », voilà tout !
- Je le sais aussi bien que vous, bougre de foutue bête ! Ça m'avance pas beaucoup !

E. Bastien, libr.-édit., 24, rue Germain-Charier, Lunéville — Repr. interdite

Contes de Fraimbois.

LES ALIÉNÉS DE FRAIMBOIS

I net jé longtemps de celet, lo Préfet ècrit eune latte à Maire de Frïmbô po zy demander combïn qui n'avo « *d'aliénés* » dans so villège.

« Qu'as que çe pue bïn iéte que des « *aliénés* » que s'dheuhô lo Maire en mingeant lé soppe lo souère avo sé fôme, dans so pâle? »

I vè trouver lo Maite d'acôle. « Des aliénés, qu'li dit l'âte çeute, ç'name bïn sur des ouèrés, ni des pouilles, ni des bocattes, ça... ça... des aliénés... vale toute! »

— J'lo sais assi bïn qu'vo, bougre de foutue bête! Çè m'avance meu bècô!

— Eh ben, que fè en lèt mo Maite d'acôle que n'atôme jé si content, on ouet bïn que v'nême usé vos chasses comme meu é z'acôles! Des aliénés, Mossieu, ça des bêtes è laine... ça des berbis!

Alors, lo Maire fè so recensement et comme i n'avô 280 berbis è Frïmbô, l'écrit à Préfet qu'l'avïn, à villège, 280 aliénés!

Lo Préfet en è ettu bïn estomaqué pasqué Frïmbô i n'avô, dans lo temps let, que 160 habitants. I récrit à Maire en li dehant qu'so recensement n'atôme bon.

« Ah, par exemple, que li è répondu lo Maire, mè, rïn qu'dans mé famille, i n'en è pu de soixante des... aliénés.»

Ça po celet qu'les manres langues de Saint-Tcheumat, les rouges talons de Jurecot et les bourriques d'Anthelupt dehont qu'toutes les gens de Frïmbô sont fous.

Mè, j'vo promats bïn qui n'farôme tot d'même lé s'y dire qui sont fous pasque si vallïn jémè su zoue froma, quand vérez trop mïngi de réhïns, i pourrïn bïn vo houer lo déri avo eune fohe!

- Eh bien, que fait comme ça mon maître d'école, qui n'était déjà pas si content, on voit bien que vous n'avez pas usé votre pantalon comme moi aux écoles ! Des « aliénés », Mossieur, c'est des bêtes à laine... c'est des brebis ! »
Alors, le maire fait son recensement, et comme y avait deux cent quatre-vingts brebis à Fraimbois, il écrit au préfet qu'ils avaient au village deux cent quatre-vingts « aliénés » !
Le préfet en a été bien estomaqué parce que, à Fraimbois, il n'y avait, dans ce temps-là, que cent soixante habitants. Il récrit au Maire en lui disant que son recensement n'était pas bon. « Ah, par exemple, que lui a répondu le maire, mais, rien que dans ma famille il y en a plus de soixante, des "aliénés". »
C'est pour cela que les manres [mauvaises] langues de Saint-Clément, les rouges talons de Juvrecourt et les bourriques d'Anthelupt disent que tous les gens de Fraimbois sont fous.
Mais je vous promets [assure] bien qu'il ne faudrait pas tout de même leur dire qu'ils sont fous, parce que si vous alliez jamais sur leur fumier, quand vous aurez trop mangé de raisin, ils pourraient bien vous essuyer le derrière avec une fourche ! (*Les Contes de Fraimbois*).

Les belles de Colombey

Les filles de Colombey n'ont pas toujours été les belles d'aujourd'hui, les anciens disaient qu'elles étaient bien vilaines et désagréables. Elles sont, ma foi, bien plaisantes aujourd'hui ! Dans le temps jadis, les pauvres ont eu un gros, tout gros affront, je vais vous conter cela. Il n'y avait pas eu de noces à Colombey depuis on ne savait plus combien de temps, les galants du pays s'en allaient voir blonde [courtisaient les filles en vue du mariage] ailleurs, dans les autres villages, à Saulxures, dans les Barisey, à Favières, à Selaincourt, à Bagneux, à Punerot, à Allamps, à Bulligny et tout partout. Et ceux qui venaient voir les filles d'ici s'en retournaient plus vite qu'ils n'étaient venus.
Cela ne pouvait durer ainsi ; elles étaient allées faire une neuvaine à Saint-Gengoult à Toul, (c'est lui le patron des ménages), à Notre-Dame dans le chœur de l'église, (les filles qui marchaient sur la bonne pierre sont assurées de se marier dans l'année). Rien n'y faisait, nos pauvres

filles restaient sur leurs œufs [ne trouvaient pas à se marier].
Un beau jour, que le bon duc Antoine qui régnait sur la Lorraine passait à Colombey pour aller en son château de Ruppes, elles lui envoyèrent une délégation, pour lui demander de les aider à se placer. Il leur répondit :
« Mes pauvres filles, pour les affaires-là, je ne suis pas le Maître, je n'y peux rien ; mais demain, on doit pendre le Charlot, le faux-saunier, à la Justice de Comet, ce n'est pas loin de chez vous ; trouvez-vous là, s'il veut se marier avec une d'entre vous, il choisira et aura sa grâce ! »
Dès le matin, bien avant que cela ne commence, toutes nos filles de Colombey se trouvaient à la potence de Comet, avec leurs belles robes, leurs bijoux et les yeux enflammés, en pensant qu'il y en aurait une qui s'en irait avec le Charlot, et puis que les autres s'en iraient dans la suite.
On amène notre faux-saunier devant la potence, le pendeur lui passe la corde au cou et le greffier lui conte l'affaire. Comme vous pensez, il était bien aise : la vie sauve et une femme à son idée.
On fit défiler devant lui toutes nos filles qui avaient la bouche en cœur et les yeux allumés. Quand la quarante-deuxième fut passée, le Charlot tout blanc, regarda le pendeur en lui disant : « Tire-moi haut... »
(J. Boulangé, traduit du patois)

Les blés qui f... ichent le camp

C'était en mille sept cent nonante [quatre-vingt-dix]. L'histoire-là n'est pas d'aujourd'hui ; il avait fait une tempête terrible à Fraimbois.
Il était tombé une calende [averse très violente] qu'avait fait déborder toutes les chânettes [chéneaux (partie horizontale)] du village, les ruisseaux et les goulottes des prés.
Et comme il faisait un grand vent, les blés qu'étaient mûrs, beaux et jaunes, bons pour la moisson, étaient secoués, courbés par la tempête, et on aurait dit qu'ils s'en allaient, qu'ils se sauvaient bien loin, jusqu'à Saint-Clément.
Le garde-champêtre qui passait dans les champs, et qu'était trempé comme une cane, revient en courant à Fraimbois. Il prend sa caisse et annonce :
« Mes pauvres gens, mes pauvres gens, voilà vos blés qui foutent le camp. »
Tout chacun se sauve du côté des champs, les hommes avec des fourches et des fouets, les femmes avec des pincettes, les enfants avec des jarrets de fagots pour empêcher les blés de se sauver.

Contes de Fraimbois

LES BLÉS QUI F...ICHENT LE CAMP

Ç'ato en mil sept cent nonante — l'histouère let n'ame d'aheudjeu — i n'avô fè eune tempette terripe é Frïmbô.

I n'avô chcu eune calende qu'avô fè deuborder toutes les chânattes di villège, les rupts et les gôlattes des prés.

Et comme i fiô ïn grand vent, les biés qu'atïn méyus, bel et jânes, bons po let moisson, atïn hôlés, courbés pa let tempette et on érô dit qui s'en allïn, qui se savïnt bïn long, jusqué Saint-Tchieumat !

Lo banoué que pessô dans les champs et qu'atô trempé comme eune tchène ervïnt, en courant, é Frïmbô. I prend set caisse et annonce : « Mes pôres gens, mes pôres gens, vale vos biés que foutont lo camp ! »

To chétchïn se save di coté des champs, les hômes avo des feunes et des cougies, les fômes avô des pïnçeattes, les affants avo des jarrons de fagots po empéchi les biés de s'saver.

Assitôt qui sont errivés, comme i n'fiô pu d'vent, les biés eune se savïnt pu.

« Heureusement que j'sont errivés é temps, que dehint toutes mes innôcents, nos pôres biés érïnt bïn ettu jusqu'é Bertrambô... »

Depeu let joneye let, lo banoué se pramouène tojo, avo so tricorne et se grand sèbre, devant les champs de biés... et pendant lo temps let, se fôme a oudjèye pa ïn galant... bïn sûr po qu'elle ne se savéhe meu non pu !

A leur arrivée, comme il ne faisait plus de vent, les blés ne se sauvaient plus.
« Heureusement que nous sommes arrivés à temps, que disaient tous mes innocents [surnom des gens de Fraimbois], nos pauvres blés auraient bien été jusqu'à Bertrambois. »
Depuis la journée-là, le garde-champêtre se promène avec son tricorne et son grand sabre, devant les champs de blés..., et pendant ce temps-là, sa femme est gardée par un galant... bien sûr, pour qu'elle ne se sauve pas non plus ! *(Les Contes de Fraimbois)*.

Les cousins de Pentecôte

La scène se passe à Nancy.
C'est une paysanne qui parle :
« - Il n'y a pas de si beau jour qui ne finisse. Allons, Alphonse, levons le siège. Il ne s'agit pas de manquer le dernier train.
Essuyez vos becs, Totor et Guiguitte, et dites à revoir au cousin et à la cousine.
C'est-y dommage tout de même que le temps ait changé si vite.

J'aurais dû me douter qu'il ferait de l'orage vers le soir, le soleil était trop chaud dès le matin. Il faisait touffe [étouffant], jamais de la vie ! On cuisait dans son jus.
Si seulement je n'avais pas mis ma belle robe, la v'là confondue [abîmée] maintenant après la châouée [trombe d'eau] qu'elle a reçue. C'est comme le chapeau de la Guiguitte, regardez voir le muguet, on dirait des arêtes de poisson. Il peut servir pour faire peur aux moineaux.
Heureusement que vous nous avez prêté tout ce qu'il fallait pour nous en retourner, ma cousine. Mais il n'y a pas de quoi être triste comme des bonnets de nuit, voyons ! Est-ce que j'ai l'air embêté, moi ? Bast ! Faut prendre le temps comme il vient.
(Criant tout à coup)
Guiguitte, vas-tu descendre du fauteuil-là, tu ne seras contente que quand te l'auras crevé, saprée brisaque (casseur], garçon manqué !
Et toi, Totor, ne tourne donc pas autour de la lampe à colonne comme ça. Tout à l'heure, te vas faire un miracle !.. (Criant plus fort) Crac, ça y est ! V'là la lampe en mille morceaux. Oh !.. Viens voir ici, mandrin, que ton père te corrige... Pas sur la tête, Alphonse, faut jamais taper les enfants sur la tête. Ils me feront mourir à petit feu, les enfants-là ! Mais vous avouerez que c'est tout de même une bougre d'idée d'avoir des lampes perchées comme des cigrognes [cigognes], comme des girafles [girafes] !...
...Ah ben ! Mes pauvres cousins, nous vous en laissons un bazar, un vrai Capharnaüm. J'ai mieux aimé ne pas refaire notre lit, puisqu'il faut raccommoder le sommier. Je ne comprends pas comment qu'il a pu s'écrouler dans la rayotte [ruelle du lit], nous ne sommes pourtant pas si gros, l'Alphonse et moi ! Et pis en v'là une drôle de mode d'avoir des lits si durs, je n'ai pas pu fermer l'œil : c'est des lits de pénitence, ça !
Vous verrez quand vous viendrez chez nous, on enfonce dans le plumon [*lit de plumes, ou matelas rempli de plumes] comme dans du beurre. Et qu'on a bon chaud ! C'est comme vos couvertes en pelure d'oignon, il y a de quoi geler en plein été : j'ai claqué des dents toute la nuit, moi.
(Criant)
Quoi ? Qu'est-ce que t'as encore, toi ? Oh ! Qu'il est nice [grincheux], le gamin-là. T'as mal au ventre ? Ça ne m'étonne pas, t'as mangé comme un Garcantua. Donnez-lui un verre d'eau, cousine... Nous vous dérangeons, hein ? Mais y a tout de même pas de quoi faire une tête comme si vous aviez enterré père et mère. C'est de votre faute, v'là ce que c'est que de nous faire des festins de Balthazar. Ma fi [ma foi], les enfants-là s'en sont fourré jusque-là. Notre Guiguitte a déjà tout renvoyé au cinéma.

Regardez, il devient tout pâle. Te ne vas pas nous faire manquer le train, voyons. T'es un homme, retiens-toi. Bois, et va trotter dans le salon, ça se passera.
Alors, ma cousine, je vous renverrai vos bottines et votre corsage par le commissionnaire, nemme ? Il me va rudement bien votre corsage, on dirait qu'il a été fait pour moi, hein, Alphonse ? Il m'avantage, c'est vrai, je n'ai pas l'air si maigre.
...Comment que vous dites ?... Vous me le donneriez s'il n'était pas aussi usé sous les bras. Eh ben ! C'est bon ! Tout à trous qu'il est, j'en ferai bien mes choux gras. Vous pouvez me le donner, allez, je ne vous répugne pas. D'abord je ne suis pas néreuse [délicat]... Les bottines aussi, vous me donnez les bottines aussi ? Oh ! C'est trop, vous me gâtez ma cousine. Je vous remercie bougrement. Ça fait que je serai quitte de vous renvoyer tout ça...
(En criant tout à coup)
Ah ! Mon Dieu, v'là le Totor qui est malade pour de bon, la fois-ci...
Pas sur le tapis du salon, voyons ! Vien au moins à la salle à manger...
Ben ! V'là de la belle ouvrage !...
Enfin, nous serons plus tranquilles pendant le voyage.
A vous revoir, cousin, cousine, venez bientôt nous rendre la pareille.
Mais ne faites donc pas des figures d'enterrement comme ça, puisqu'on se reverra bientôt. » (G. Chepfer).

Les Erliques

C'était la journée de la fête des saints Innocents [le 28 décembre].
C'est la fête aussi des gens de Frambois, surnommés dans les contes : les (pauvres) innocents.
Mosseur Curé de Fraimbois avait étalé toutes les erliques [reliques] de son église sur le devant de l'autel ; il y avait un doigt de pied de saint Nicaise, un lacet du soulier de sainte Phrasie, une jarretière de sainte Cholastique, et encore bien d'autres affaires que les gens venaient baiser, après la messe.
Une fois l'*Ite Missa* terminé, voilà tous mes innocents qui vont à l'autel.
Justement, tout près d'un petit saint en bois, le sacristain avait oublié l'encensoir.

E. Bastien, libr.-édit., 24, rue Germain-Charier, Lunéville — Repr. interdite

Contes de Fraimbois.

LES ERLIQUES

Ç'atôza let jonéye de let fête des Saints Innôcents.

Mosseur Curé de Frïmbô avô étalé toutes les erliques de so motet su lo davant de l'autel : i n'avô ïn dôye de pie de saint Nicaise, eune corriatte di solé de sainte Phrasie, eune tricatte de sainte Cholastique éca bïn d'âtes effères que les gens venïnza bichi, éprès let masse.

Quand l'*Ite missa es* ettu youte vale toutes mes innôcents què vont é l'autel. Justement, tot préche d'ïn pia saint en bô, lo sâcristain avô raublié l'encensouère.

Lo Coliche qu'atô lo premeu, biche d'abôrd let corriatte di solé, épu let tricatte et pu lo pia saint. Mo Coliche ouet l'encensouère, i crô qu'ça eune erlique, et i lo biche lo pu fort qu'i pue, assi fort que l'érô bichi les belles joues rouches d'eune baicelle.

Mè, l'encensouère atô piéne de braise que fumô.

« Ah ! lo macroc d'saint, qui s'mat é crier dans lo motet en s'frottant let bouche, l'et let gueule assi breûlante que lo diâpe ! »

Le Coliche [Nicolas], qu'était le premier, baise d'abord le lacet du soulier, et puis la jarretière, et puis le petit saint. Mon Coliche voit l'encensoir ; il croit que c'est encore une relique, et il le baise le plus fort qu'il peut, aussi fort qu'il aurait baisé les belles joues d'une bâcelle [jeune fille].
Mais l'encensoir était plein de braise qui fumait.
« Ah ! le maquereau [juron non péjoratif] de saint, qu'il se met à crier dans l'église en se frottant la bouche, il a la gueule aussi brûlante que le diable ! » *(Les Contes de Fraimbois).*

Les joies du retour

Une paysanne parle :
- ...Contente ? C'est ben sûr que j' suis contente que mon homme soye rentré, mère Bagard. Comme tout le monde, ma fi !. Oh ! On est content d'un côté et pas content de l'autre. Ça a été trop long, la guerre-là ! Les hommes ont pris des mauvaises habitudes, le mien comme les aut's, oye, oye, oye !
Ça n'a pas été tout seul pour le r'mett' au pas. Les premiers jours, on était au septième ciel, on redevenait des jeunes mariés, mais n n'peut pas toujou penser aux bêtises, l'ouvrâche commande.

Mon mossieu qui était adjudant, sous-officier presque officier, comme il dit, aurait enduré que je lui serve d'ordonnance, que je le brosse, que je l'astique. En fait d'astiquage, j'te l'ai asticoté comme il faut, va ! «Penses-tu, que je lui ait dit, que nous avons trimé comme des mercenaires, les gamins et moi, pendant qu t' faisais l' mirliflore, et qu' ça va continuer» ?... Oh ! Ne le plaignez pas, allez, mère Bagard !... Moi qui l' croyais en danger, et qui m' mangeais les sangs, il paraît qu'il n'y a jamais été. Toujou aussi veinard ! N'y a qu'à voir comme il est revenu : une figure de prospérité ! Et si j' vous montrais son dos donc, il est gras comme un cochon d' lait. Ah ! Il ne s'en est pas fait, allez ! Il a tout juste été évacué une fois pour un clou en bas des reins, sauf votre respect. Une maladie de santé, quoi ! «Non, non, que j' lui ai dit, maint'nant qu' t'as été dire bonjour à tout l' monde, qu t' t'es montré partout, que t'as bu un verre ici, une goutte [un verre d'eau de vie] là, et qu' t'as raconté tes campagnes, rengaine tes compliments, mon fi, dis à r'voir à ta belle unique de sous-officier presque officier, et vas-y casquette, j'te passe la suite, les bêtes, la charrue et tout l' diâble et son train».
Si j' l'avais laissé faire, mais nous allions à la ruine, mère Bagard !... Oh ! Il n' faut pas longtemps !... Des exigences, oye, oye, oye ! Une nappe su la table, une serviette au cou pour le tous les jours, une descente de lit, j'vous d'mande un peu ! Et des chemises donc, et des chaussettes : il en aurait changé autant qu'un évêque en aurait béni. Il voulait se faire la barbe tous les jours : «C'est bon, t'es assez beau comm' ça, que j' lui ai dit, j'aim' bien quand ça râpe, moi, d'abord». Et il se lavait, et j' te lave, et j' te r'lave, des pieds à la tête et d' la tête aux pieds. Il n'en finissait pas ! Et un' châouée [trombe d'eau] dans la cuisine !!! «On t'a changé en canard, donc ? Que j' lui disais. Ben ! Si t'es si sale que ça, t' n'as qu'à travailler un peu plus fort, te sueras un bon coup et te s'ras propr' tout d' suite».
Un pacha, que j' vous dis, mère Bagard, un vrai mylord anglais.
Et pis, c' n'est pas tout. Maginez-vous qu'il s' mettait à être grognon, à ne pus trouver rien de bien : il râminait [ressasser, *ruminer] tout l' temps, et sur tout l' monde ; lui qui était si rigolo avant la guerre !
« Eh ben ! Si c'est pour nous faire la vie dure que t'es rev'nu, t'aurais pu rester là où qu' t'étais, t' sais, que j' lui ai dit, nous étions ben tranquilles sans toi ».
Le coup-ci, j'ai cru qu'il allait m'avaler tout cru ! Le v'là qui s' met à m' faire une scène de jalousie à cause de la photo ousque j' suis r'tirée [photographiée] avec les sous-offs du génie qui avaient leur popote chez nous, en criant comme un perdu : «Dis donc tout d' suite que

j'te gêne et que j'ai eu tort de ne pas être tué plusieurs fois pour te faire plaisir ».

Ma fi [ma foi] ! Moi, au lieu de m' fâcher, ça m'a fait rigoler, mère Bagard. « Eh ben ! T'as mis l' nez d'ssus, tiens, que j' lui ai répondu ; au moins comm' ça j' pourrais fair' la nouba tranquillement, comme te dis, et comme te l'as faite avec toutes les trôleuses [coureuses, rôdeuses] de tes cantonnements. Gros bêta ! Te m' prends donc pour un' beulouse [qui a la vue basse] ! J' vois aussi clair que toi dans ton jeu, va !... Veux-tu que j' te dise, moi, pourquoi qu' t'es d' si mauvaise humeur ? Hein ? Eh ben ! C'est pa' c' que t' n'as pas r'çu un' seule lettr' depuis tois jours. Car t'en r'çois, et t'en écris, des lettr's, bonté divine ! Un vrai ministr'. Il y en a de tout's les paroisses, des grand's, des p'tites, dzs gross's, des minces... ; c'est d' tes copains ?... ; faut qu'ils n'aient pas grand' chose à faire ! Et ils s' mett'nt bien, tes copains. Ils sent'nt l'ôdeur à plein nez… Ah ! T'as des copines aussi ?... Oh ! j' pensais ben, ma fi !... Un sous-officier presque officier n' peut pas rouler sa bosse pendant si longtemps sans faire des conquêtes un peu partout, nemme [n'est-ce-pas] donc ?

N' te démèn' pas, va.

J' les connais presque aussi bien qu' toi, les copines-là, te nous as assez rabattu les oreilles avec ta logeuse de Salonique, ta blanchisseuse d'Italie, ta pâtissière d'Alsace, ta cuisinière du dépôt et toutes tes marraines, la vieille, la jeune, est-c' que j' sais moi !!!...

Je n' suis pas jalouse, heureusement. Mais cois-moi, va, mon pauv' drôle, maint'nant qu' t'es rentré au bercail, laiss' le sérail-là tranquille. Si j' n'y mettais pas le holà, te nous ruin'rais en timbres-poste ! Et on a ben d'autr's dépenses à faire par le temps qui court.

Tiens, j' te permets d' leur écrire encore un' fois, à tes connaissances. J'suis gentille, nemme ? Pour leur dire n-i-ni c'est fini ! Faut êtr' poli !...

Comment que t' dis ?... ; te n'oses pas ?... Bon ! Alors c'est moi qui vas leur faire la commission aux gaillardes-là, et te verras, elle ne pourront pas s'fâcher ».

Ecoutez-voir ça, mère Bagard, si c'est bien tourné. J' n'ai pas eu besoin du maît' d'école, allez ! (Elle sort un brouillon de lettre de sa poche et lit à haute voix).

Madame (ou mademoiselle),

La guerre est finie, mon homme est rentré dans ses foyers. Il a repris la charrue et tous ses devoirs d'époux et de père de famille avec plaisir. Vous pensez bien qu'il n'aura plus le temps de cultiver aut' chose que not' petit

bien. Mais comme c' n'est pas un ingrat, et qu' les amies de nos maris sont nos amies, il m'a chargée de vous remercier de toutes les bontés dont vous l'avez abreuvé pendant qu'il était soldat.
Je n' vois pus rien d'aut' à vous dire, sinon que nous sommes tous en bonne santé, que nous attendons un héritier ou deux pour les vendanges, et qu' nous souhaitons que la présente vous trouv' de même. Recevez, madame (ou mademoiselle), les saluts d'une épouse heureuse et fidèle, et de votre serviteur respectable et honorifique.

Mélanie Banvouatte.
Femme reconnue d'Achille Banvouatte,
Ancien sous-officier presque officier.

Poste christum. – Puisque vous avez eu la bonté de vous occuper du père de mes enfants, si le cœur vous en dit de continuer à être marraine de l'un ou de l'aut' : du Nestor, de la Delphine, de l'Augusse, de la Dorothée, du Sosthème, ou d'un de ceux que nous attendons pour les vendanges, ne vous gênez pas, vous n'aurez que l'embarras du choix.
(G. Chepfer)

Les oiseaux

Les gamins de Fraimbois avaient la peute [vilaine] manie d'aller, tous les dimanches, avant les vêpres, au bois chercher des nids et des petits oiseaux. Une fois, alors qu'on sonnait les vêpres, les enfants n'avaient pas eu le temps de courir chez eux cacher leurs oiseaux. Ils les avaient mis dans leurs poches, et puis ils étaient allés aux vêpres.
Mais voilà qu'au moment où est-ce que Mosseur Curé chantait le *Deus in adjutorium*, les pauvres bêtes qu'étouffaient dans les poches des enfants se mettent à gazouiller. Mosseur Curé se retourne, en ouvrant des yeux terribles... ; il s'arrête de chanter *Deum* [*meum*] *intende*, et il crie : « Que tous ceux qui ont des oiseaux ici foutent le camp, tout de suite, parce que je m'en vas les excommunier ».
Voilà mes manres [mauvais] drôles, aussi rouges qu'un jambon qu'on a mis dans la cheminée, qui se lèvent et se sauvent de l'église.
Après, ç'a été le tour des grands, et puis celui des hommes mariés.

E. Bastien, libr.-édit., 24, rue Germain Charier, Lunéville — Repr. interdite

Contes de Fraimbois

LES OISEAUX

Les gamins de Frîmbô avîn let peute manie d'aller, **toutes** les **diminches, davant** les vêpes, on bô quouéri des nids et des piattes ohés. **Eune foué**, comme on sinô les vêpes, les affants n'omme evu lo temps de côre chîn zou couèchi zoues z'ohés, i les ont mis dans zoues paches, épu i sont ellés è vêpes.

Mè, val qu'à moment ouasque Mosseur Curé chantô lo *Deus in adjutorium*, les pôres bêtes qu'étoffînt dans les paches des affants s'mattont è gazouiî. Mosseur Curé s'ertône, en crayant des eûyes terripes... i s'errète de chanter *deum intende*, et i crie :

« Que toutes les celles qu'ont des ohés toce, foutînssent lo camp tout suite pasque j'm'en vè les excommunî. »

Val' mes manre drôles, assi rouches qu'în jambeun qu'on é mis é let chemneye, se luvont et s'savont di motet.

Eprès, c'ettu lo to des grands, épu des homes mèriés. En cînq minutes, i n'avô pu în hôme à motet.

I n'demouéro que lo père Jean-Glaute, în pôre vieux haltata qu'avô tot prèche de cent ans. Set fôme, let mère Jean-Glaute. — qu'avo ettu eune moult belle gent dans so temps, allez, — li beye eune petiate tape su l'épâle ;

« Hay donc..., Jean-Glaute... potchié fère que vo n'vo en allême comme les âtes, deun : les gens vont crôre que v'navez pu d'ohé ! »

« Sia, Brigitte, que rapond mo pôre vieux Jean-Glaute, sia jè ca în ohé ; mais cré non d'eune, val jé moult longtemps quî n'chante pus. »

En cinq minutes, il n'y avait plus un homme à l'église.
Il ne demeurait que le père Jean-Glaute [Jean-Claude], un pauvre vieux haltata [hurluberlu], qu'avait tout près de cent ans. Sa femme, la mère Jean-Glaute (qu'avait été une forte belle personne dans son temps, allez), lui donne une petite tape sur l'épaule :
« - Aille donc..., Jean-Glaute... pour quoi faire que vous ne vous en allez pas comme les autres, donc ; les gens vont croire que vous n'avez plus d'oiseaux !
- Si, Brigitte, répond mon pauvre vieux Jean-Glaute, j'ai encore un oiseau, mais, cré nom d'une [sacré nom d'une (pipe)], voilà déjà fort longtemps qu'il ne chante plus. » (*Les Contes de Fraimbois*).

Les vacances du Bébert sont finies

La Philomene Bodon s'écrie :
- Mon Dieu donc ! V'là madame Docelle. Comment ! Vous venez rechercher vot' Bébert ! Les vacances sont déjà finies ? C'est pas possible ! Oh ! Je ne m'en reviens pas ! Eh ben ! Le pauvre gamin va faire une drôle de tête, lui qui se plaît si bien chez nous... Vous ne seriez pas venue le chercher

que nous l'aurions bien gardé pour toujours, allez ! Il est si rigolo, vot' Bébert ! Et pis un gosse de plus ou de moins, on ne s'en aperçoit pas quand on en a déjà une huitaine, comme chez nous... « Nénette, viens donc dire bonjour à madame Docelle... » C'est ma plus grande, elle m'aide déjà bien, allez !... C'est qu'il ne faut pas avoir les côtes en long avec une bande pareille.
...Oui, tout le monde va bien, je vous remercie, c'est moi la plus malade. On dirait que plus que j'ai du mal, plus que je deviens grasse à lard, tandis que mon homme reste sec comme un coup de trique, lui ; ce qui ne l'empêche pas de travailler comme deux et de manger comme quatre. Il est aux pommes de terre [il est en train d'arracher les pommes-de-terre] en ce moment, et tous les gosses sont partis dans les champs. « ...Nénette ! Va voir après le Bébert, te lui diras que sa mère est là, qu'il revienne tout de suite. Il doit être quelque part sur la rivière. Tu feras « houhou ! Houhou ! » Parce que des fois il s'en va loin en barque avec le pêcheur, le père Jean-Baptisse... » Ah ! C'est vrai, madame Docelle, vous lui aviez défendu d'aller sur l'eau. Mais il n'y a rien eu à faire. Il file sans qu'on le voye, le furet ! Oh ! Et pis il n'y a pas de danger à présent, il sait nager comme un poisson depuis qu'il a bu une bonne goutte en tombant de la drague. Oh ! La fois-là, il n'en menait pas large..., moi non pus !... Quand on l'a retiré, il tournait de l'œil autant dire. Heureusement qu'il n'avait pas encore mangé. On lui a tout de suite remué les bras et les jambes et on lui a tiré la langue tant qu'on a pu, comme on fait aux noyés, vous savez ? Mais ça n'a pas duré longtemps, il a peut-être rendu un bol d'eau et il s'est mis à rigoler comme un bossu... C'est le boute-en-train de chez nous, vot' Bébert, que je vous dis. Il va nous manquer bougrement quand il ne sera plus là, le pauv' gochenot [gamin, garçonnet] !...
Et réveillé [éveillé], et intelligent ! Oh ! Vous avez de la veine d'avoir un fils comme ça... Vous êtes pressée de le voir, je suis sûre ; vous étiez en mal de lui, nemme donc ?... Ça se comprend !... Mais vous n'allez pas le reconnaître, ce n'est plus un pauv' petit chat écorché comme quand vous nous l'avez amené. Non, c'est un bon gamin, tout rond avec des belles couleurs, maintenant. On ne vous dira pas qu'il a du sang de navet et que vous ne l'éleverez pas !...
C'est que je sais soigner les enfants, moi ! Et sans avoir besoin de leur donner des drogues (médicaments], des pignules et des poudres de perlinpinpin... La grande air, voyez-vous, il n'y a que ça !...
...V'là la Nénette qui revient toute seule... « Te ne l'as pas vu sur la rivière,

donc ?... Alors tu le trouveras peut-être chez le mécanicien. Il coucherait dans les autos, si on le laissait faire !...» Oui, madame Docelle, je sais bien ! Vous lui aviez défendu aussi d'aller autour des mécaniques-là, mais c'est plus fort que lui, le pauv' drôle, il n'est content que quand il est assis à côté du chauffeur...

Ah ! Et pis ne vous en faites donc pas comme ça, madame Docelle, ça les apprend à vivre. Moi, je ne suis pas pour mettre les enfants dans du coton. Ainsi le jour qu'il a été tamponné dans le garage, eh ben ! Il n'a pas perdu la carte une minute... Pensez-vous que j'allais vous écrire ? Pourquoi faire donc, mon Dieu ! Vous auriez eu les sangs retournés, et il n'y avait pas de quoi. A l'âge-là on n'a pas d'os et on retombe toujours sur ses pattes, comme les chats !... Il avait des noirs [bleus] un peu partout ma foi, c'est ben sûr ! Mais je lui ai mis dessus du machin de mon homme qui sent fort dans une bouteille ; j'en ai toujours chez nous, pour quand il a ses douleurs... ; je lui ai fait boire un bon verre de schnick [mauvais alcool], et allez-y casquette, il s'est mis à chanter comme un perdu :

« Entends-tu le coucou, ma Lisette ? Entends-tu le coucou ?...»

Jamais qu'il est farce [drôle] en chantant toutes les chansons-là que les soldats lui ont appris quand ils sont venus aux manœuvres...

...Oh ! Ne faites donc pas une vilaine potte [grimace] comme ça, madame Docelle... Quoi ?... C'est pas convenable ? Il n'y a pas de mal à ça, voyons. C'est pas une petite fille vot' Bébert, il ne va pas chanter toute sa vie :

> « Rondiniat des rondiniats
> Ma mâmie a fait un pat [pet]
> aussi gros que not Jâlat [coq] »...

Moi, je ne suis pas comme vous, j'aime bien que mes petits fassent du train, du tapage : « Chante, mon homme, que je dis toujours, t'auras ben le temps de déchanter quand tu seras grand ! » Et c'est bien vrai, allez !

...V'là enco la Nénette qui revient sans lui... « Il n'était pas aux autos, non pu ?... Oh ! Le trôleur [traînard] !... Ousqu'il peut bien être ? Alors, va voir jusqu'à la ferme, il y a peut-être enco des soldats ». Il y était tout le temps fourré, et ça lui a rudement profité, madame Docelle, il en a fait de l'exercice avec eux. C'est-à-dire qu'on ne le voyait pus pendant que les artilleurs étaient là... Une fois, il est pourtant parti deux jours et deux nuits sans rien dire, l'endêvé [enragé] ! Je commençais tout de même à me tourmenter, pensez-voir ! Heureusement que je savais que le petit du cordonnier et le grand des coopérateurs [magasin des Coopérateurs de Lorraine] y étaient aussi avec les soldats, sans ça !!... Faut qu'il voye tout, qu'il sache tout, qu'il touche à tout, vot' Bébert ! Mais on n'apprend rien sans peine, ouais !... Je lui avais bien dit : « Ne t'approche pas trop près des dadas et fais attention aux gros canons ». Ah ! Ouat ! Il était tout le temps grimpé quelque part, ce n'était jamais assez haut... Et il était le chouchou des Poilus, vous pensez... Mais il a eu de la chance de ne pas rester sourd pour toujours, la fois qu'il s'était mis trop près, quand ils ont tiré le canon... Il a été sourd comme un pot toute la journée !... Il n'écoute rien. C'est comme pour son pouce quand il s'a fait pincer dans un caisson ; il avait le bout du doigt tout noir, comme le cramail [crémaillère] ! Je lui ai encore mis du machin de mon homme qui sent fort dans une bouteille... Oh ! moi, je sais soigner les enfants, allez ! Et maintenant on n'y pense pus ; son ongle est tombé et l'autre repousse déjà. Pensez à leur âge ; tout ça va si vite !... Ben quoi ! madame Docelle, quand vous ouvrirez les yeux comme des portes cochères, ça ne changera rien de rien. Ce n'est pas une poule mouillée, vot' Bébert !... Il n'y a eu qu'une fois que je n'ai pas été contente et ousque je me suis fâchée tout rouge après les soldats. C'est quand ils lui ont fait manger des sardines et de la salade de cocombres par-dessus une grande tasse de chocolat. Je lui ai fait vivement avaler un bol d'eau tiède, et c'est revenu [il a vomi] tout de suite, comme une lettre à la poste... Il s'est mis à rigoler en chantant :

« Quand je bois du vin clairet
Tout tourne, tout tourne ».

Et il s'est endormi comme un plomb jusqu'au lendemain... Allons, v'là enco la Nénette qui revient bredouille... « On ne l'a pas vu à la ferme non plus ?... Oh !... Alors cours voir jusque chez l'oncle Gustave, tu regarderas s'il n'a pas pris la bécane du Maxime... » Il la prend des fois pour aller faire un tour, depuis qu'il a mis celle de not' Charles en mille morceaux...
Ah ! C'est vrai, madame Docelle, vous ne saviez pas qu'il allait à Bicyclette. Oh ! La, la, il a su tout de suite, il fait ce qu'il veut de ses mains et de ses pieds.
Oh ! Il arrivera à quelque chose de bien, allez, vot' Bébert !... Mais il ne va tout de même pus comme un fou depuis son accident avec l'autobus.
Oh ! Lui n'a rien eu, il avait sauté avant. N'y a que la bicyclette de not' Charles qui a été écrabouillée sous l'autobus. Oh ! En miettes !...
Ne changez donc pas de couleur pour ça, madame Docelle, une belle affaire. Il n'a eu qu'une cramelle [plaie] à la tête, que je vous dis.
Le médecin lui a recousu tout
de suite, on ne voit presque pus rien !
...L'embêtant c'est qu'il a eu une contrinvention du banoua, du garde-champêtre, quoi ! Parce que le vieux mêle-tout-là a vu que la bécane

n'avait pas de plaque, en la ramassant...
Vous lui avez-t-y apporté des effets de rechange pour le remmener ?...
Il n'a pus rien à se mettre sur le dos, pus rien du tout, que je vous dis. Son linge c'est de la charpie, ses habits sont en morceaux : des frandouilles [loques] tout partout. Et s'il n'avait pas son tabellier d'école pour cacher sa misère, il s'en irait dans la rue comme un petit Jésus... Ne vous faites donc pas de bile comme ça, madame Docelle. Il va bien, c'est le principal. Vous gagnez assez d'argent pour lui racheter tout qu'est-ce qu'il lui faut... N'y a que ses souliers qui ne sont pas touchés. Il n'en a pas mis, c'est bien pus santif [bon pour la santé] de marcher pieds nus à l'âge qu'il a. Il s'y est habitué tout de suite, il n'a eu qu'une coupure le premier jour : il saignait comme un bœuf, mais je lui ai encore mis du machin de mon homme qui sent fort dans une bouteille, vous savez ? Et c'était recollé le lendemain. Le médecin lui a tout de même fait une piqûre à cause du tétanos, qu'il a dit.
Vous voyez que je l'ai bien soigné, vot' petit bonhomme, nemme [n'est-ce-pas] ?... Et vous avez bien tort de vous mettre martel en tête...
...Le débarbouiller ? Pensez-voir ! Ousque j'en serais, s'il fallait que je débarbouille mes huit mandrins [mauvais garçons] les uns après les autres. Tout le monde se lève en même temps, un petit peu d'eau sur le bout du nez, et en v'là jusqu'au lendemain comme ça. Ils sont tout le temps à patauger dans les basses d'eau ou dans la rivière. Ah ! Ils ne sentent pas le renfermé, allez !...
...Non, il n'a pas les cheveux trop longs, je lui ai coupé comme aux not's ; je leur mets la soupière sur la tête, et aïe donc, je te coupe tout ce qui dépasse... Mais il aurait des petites bêtes [poux] que ça ne m'étonnerait pas. Il n'arrête pas de se gratter depuis la semaine dernière. Ils en ont tous, nemme donc à l'âge-là ? C'est la santé qu'on dit toujours.
...Quoi ? Comment, madame Docelle ?... Qu'est-ce que vous me devez pour sa pension ? Vous voulez rigoler, bien sûr. Vous ne me devez rien du tout. Pensez... C'est un échange de bons procédés, comme on dit chez les gens de la haute. Nous avons pris vot' Bébert pendant les vacances, je vous enverrai les not's à tour de rôle pendant l'hiver, et quand vous aurez eu les huit nous serons quittes. Vous leur apprendrez comment qu'il faut se tenir en ville, et ils en ont besoin, les ouarés [gaillards, verrat (laudatif)].
Oh ! Les brigands !
...Ah ! Pour les notes du médecin et du pharmacien, pour la contrivention et les histoires des assurances et aussi pour la bécane

du Charles qu'il a fallu remplacer, naturellement, tenez, madame Docele, v'là toutes les paperasses, il y en a un bon tas, nemme ? Vous vous débrouillerez avec tout ça pour payer. Vous êtes plus savante que moi, je n'y connais goutte.
Ah ! Et pis v'là enco trois pièces de dix sous toutes neuves qui vous reviennent sur l'argent que vous m'aviez laissé pour mettre dans la poche de vot' Bébert. Si, si, prenez-les, les bons comptes font les bons amis...
...Et v'là la Nénette qui revient pour de bon la fois-ci avec toute la bande, mais pas plus de Bébert que dessus ma main. Oh ! Le chenapan ! Soyez sans crainte, allez, je sais ousqu'il est, moi. Quand il ne rentre pas à l'heure-ci, c'est qu'il est parti faire la tournée avec le camionneur de la Brasserie et il ne revient jamais qu'à la grande noire nuit...
...Enlevez votre chapeau, madame Docelle, et ne faites pas votre peute [sale] figure. Vous en serez quitte pour manger la soupe avec nous et pour coucher une fois de plus dans notre belle chambre... Mais ne vous rongez donc pas comme ça, voyons. Il n'est pas perdu vot' Bébert. Il y a un bon Dieu pour les enfants, comme il y en a un pour les hommes soûls.
...Tenez le v'là !... « D'ousque te d'viens donc, brigand ?... C'est bon, embrasse ta mère, galopin, on te grondera une aut' de fois ». Est-ce qu'on peut se fâcher avec une bonne gueulotte [petite gueule] comme ça ! (L'embrassant) « Canaille, va ! Oh ! Je te mangerais tout cru, tiens » !
(G. Chepfer)

Mon beau-frère

C'était un vieux garçon qui buvait tout ce qu'il gagnait. Le curé vient lui réclamer le prix d'une messe chantée depuis un an :
« - Je ne peux vous payer, Monsieur le curé, je n'ai pas un sou.
- J'admets que vous êtes pauvre, mais n'auriez-vous pas dans votre famille quelqu'un qui pourrait payer à votre place ?
- Je n'ai personne.
- C'est bizarre ! mais tout de même.
- Eh bien ! Monsieur le curé, j'aime autant vous le dire, je n'ai qu'une sœur mais elle a mal tourné.

- Mais, vous n'en êtes pas responsable, et que fait-elle, votre sœur ?
- Elle est chère sœur.
- Malheureux ! Vous appelez cela mal tourné ! Mais votre sœur a une vie de sacrifice et vous saurez, au contraire, qu'elle est l'épouse du Bon Dieu.
- Eh bien ! si c'est comme cela, arrangez-vous donc avec mon beau-frère. » (L. Lavigne, traduit du patois).

Monsieur le curé est excédé

Un dimanche « après la Pentecôte ». A la messe de 11 h. Monsieur le curé mettait toute son application depuis dix longues minutes à expliquer le mystère de la Sainte Trinité à des paroissiens qui, visiblement, laissaient divaguer leur esprit à cent lieues de ce saint mystère. Il était impossible, pour notre curé, excédé, irrité de cette indifférence à ses propos, d'aller plus avant dans sa démonstration. Il marqua quelques secondes de silence qui semblèrent aussi longues qu'un siècle : « Et puis, mes frères, cela suffit comme cela. *Demerden sie sich*. Ainsi soit-il ». L'assistance avait, d'un seul coup, tout compris.

Nix regardîr...

1917. Depuis septembre « 14 » les Allemands occupent le village. Encore une fois la commission de perquisition pénètre dans les maisons, une à une, méthodiquement, à la recherche de tout et de rien. Généralement on ne trouve rien, parce qu'il n'y a rien, plus rien à trouver, ou parce que ce qui reste est tellement bien dissimulé que l'on ne trouve effectivement rien. C'est au tour de la maison de la grande Zélia, qui vit seule. A peine la commission a-t-elle franchi la porte qu'elle se précipite en direction du grand placard mural. Faisant face, bras en croix largement tendus devant les deux portes hautes de la « taque » [placard mural de la « belle chambre »], elle hurle, plus qu'elle ne dit, cette interdiction « historique », en plein visage des soldats qui s'arrêtent net : « Nix regardîr dans le plaquîr ». La perquisition n'eut pas lieu. « Non mais ! » Elle avait soustrait ce jour-là à la réquisition une vieille poule qu'elle s'apprêtait à mettre au pot.

Not'Parisienne est arrivée

C'est une paysanne qui parle :
- Not' parisienne est arrivée, mais oui, madame Beûlotte, depuis deux jours. Jamais qu'elle est belle, not' Gustavie. Je ne voulais pas croire que c'était ma fille quand elle a descendu de l'auto ; mais oui, son mossieu l'a amenée en auto. Ah ! Elle a eu de la veine de trouver une si bonne place. Et moi qui ne voulais pas la laisser partir à Paris !
C'est un vieux garçon riche comme Crésus. Il a fait fortune en vendant de tout et de rien : des maisons, des chevaux, des cochons, des autos, des strocks américains. Il n'a pas encore fait faillite et il n'a été inquiété qu'une fois par la police. Oh ! C'est un malin singe, allez ! Mais un brave homme tout de même, vous savez, le cœur sur la main, pas fier et tout, et tout, et tout !
« C'est bon qu'il m'a dit, soyez tranquille pour vot' fille, qu'il m'a dit. J'y tiens comme à la prunelle de mes yeux à vot' Ginette ». Il l'a baptisée Ginette parce que c'est un nom plus à la mode que Gustavie, qu'il a dit. « Je n'ai pas toujours roulé en auto, et je sais ce que c'est que d'être chez les autres », qu'il a dit. Il serait encore valet de chambre, s'il n'avait pas su y faire, que raconte not' Gustavie !
Il nous a rembrassés tous comme du bon pain, avant de partir, et il reviendra dans quinze jours, pour remmener encore not' gaillarde en auto. Ah ! La veinarde, elle a été vite à se déniaiser.
Par exemple, elle n'a pas été longue non plus pour mettre tout sens dessus-dessous chez nous, la mandrine, et ça ne me va pas ça, à moi, non ! Non ! Non ! Rien n'est plus assez bien pour elle, vous pensez ! Entrez donc, madame Beûlotte, vous verrez les belles affaires qu'elle nous a rapportées.
Allons bon, la v'là encore qui fait danser tout not' monde avec le sapré phonographe-là qu'elle leur a donné. On n'entend plus que ça toute la journée, j'en ai la tête cassée. « Arrête voir un peu ton perroquet, donc Gustavie, et montre plutôt à madame Beûlotte tous les affûtiaux que tu voudrais que je me mette pour être belle ».
Elle est folle, ma pauvre madame Beûlotte, regardez voir la belle robe pervenche-là, en crêpe Georgette, qu'elle dit. Non, mais vous voyez une grosse dondon comme moi avec l'espèce de chemise trop courte-là, en pelure d'oignon ? J'aurais l'air d'en enfant de chœur. C'est bon pour toutes les jeunesses d'aujourd'hui qui sont comme des planches à repasser.

Avec ça, elle voudrait que j' mette les bas de soie crevette-là et les petits souliers en peau de serpent que voilà-là. Ben ! J'aurais vite une entorse, je n'ai pas l'habitude des échasses, moi.
« Qu'est-ce que te veux, ma pauvre Gustavie, te ne me changeras pas, non ! T'auras beau faire, je n'enleverai jamais mon corset-cuirasse, non, ni ma chemise à manches en toile qui gratte, non, ni mon pantalon fendu en pilou festonné, non, ni mon gros jupon rouge flanelle. Pas plus que mon caraco en jersey qui me tient si bon chand et ma jupe à la mode de la mère Gigogne, comme te dis !
Mais je grelotterais toute la journée avec tes combines et tes sous-ventrières..., tes soutien-gorge en toile d'araignée. C'est comme le chapeau-là, te ne penses pas que ma grosse caboche pourrait rentrer là-dedans. C'est bon pour ta tête de mouchat [moineau]. J'ai des cheveux, moi, comme la belle Eléonore, quand il n'y en a plus, il y en a encore. T'as déjà fait couper les moustaches de ton père à la Charlot, et c'est du propre, mais moi te ne me feras pas tondre à la garçonne, ah ! Non, alors ! »
...Mais elle a bon cœur tout de même, la Gustavie. Elle n'a oublié personne, madame Beûlotte. Regardez voir encore le beau cabas-là pour sa sœur, avec la glace et tout le tralala pour se machurer [barbouiller] le museau, un cinéma pour le gamin, le sapré phonographe-là pour son grand-frère, un briquet électrique pour son père et un évaporisateur pour moi. Je vous demande un peu ! C'est trop, c'est trop ! C'est de l'argent jeté par la fenêtre, oye, oye, oye !
Elle dit qu'elle nous enverra une petite Citroën pour nos étrennes, et elle veut nous faire mettre le téléphone. Ah ! Ben non, alors ! Nous n'en voulons pas de la mécanique-là, chez nous. On est déjà bien assez espionné comme ça par les voisins. « Et pourquoi pas la T.S.F. pendant que t'y es, Gustavie. Ah ! Te nous agaces, tiens, avec toutes tes histoires, toutes tes âties [faire des manières] ! Te n'as plus que ça dans la bouche : la radioci, la radiola, ah ! La la » ! Il ne manquerait plus que ça pour devenir enragé. On en a déjà bien de trop de la T.S.F., les Péquemard l'ont installée chez eux, à côté ; alors à chaque instant maintenant on entend Bistinguett chanter la Balançia ou bien : (elle chante) « Ah ! Qu'il était beau, mon village, mon Paris ! »... « Ça te fait rigoler, toi, Gustavie, te ne t'en lasses pas de la rengaine-là. Oh ! La la, te nous bassines [fatiguer, casser les oreilles] à la fin. C'est vrai. D'abord je vois bien que tu ne te plais plus avec nous, t'est trop chic à présent, saprée pimbèche, t'as tout le temps le nez fourré dans des romans-feuilletons ou bien t'es là à te frotter les ongles, et je te frotte et je te refrotte. T'as même eu le toupet de vouloir frotter les miens. Eh ben ! Non, te ne feras pas la

police chez nous, nous n'avons pas besoin d'un tambour-major ici. Et puisque t'es nice [grognon] comme un sac de puces, te n'as qu'à t'en retourner d'ousque te deviens. Mais te me feras d'abord le plaisir de remettre en place tout ce que t'as bouleversé chez nous, nemme ? C'est un vrai champ de bataille où une vache ne retrouverait pas son veau. Enfin, te n'es pas folle d'avoir tout démoli dans not' belle chambre sur la rue ! Et remets bien tout comme te l'avais trouvé : ma sainte Vierge en biscuit sur la commode, avec ma fleur d'oranger sous son globe d'un côté et ma cassette en coquillages de l'autre, et aussi mes deux vases bleu pâle qui ont de si belles décalcomanies.
Te raccrocheras tous nos souvenirs de première communion, vos certificats d'études, le portrait de Louis-Philippe et le cadre en cheveux de la tante Nini.
Et n'oublie pas de remettre tous mes brimborions sur l'étagère : la levrette en porcelaine, le petit chinois qui tire la langue, le vaisseau de la fileuse de verre et ma relique de sainte Ursule.
Un peu plus, madame Beûlotte, elle aurait enlevé le bois de lit pour mettre le sommier par terre. C'est la mode, qu'elle dit, avec des coussins !
« Non, mais nous ne sommes pas chez la belle Fathma, ma fille ; et ne t'avise plus de déménager les fromages qui sèchent sous le lit. Il n'y a pas de meilleur endroit, ou t'auras affaire à moi ».
Pensez voir, mademoiselle réclame une baignoire, elle dit que ça lui manque, que là-bas elle fait la trempette tous les matins. « Mon Dieu donc, ma pauvre enfant, il n'a pas fallu longtemps pour que te prennes des mauvaises habitudes. Et ta pudeur, effrontée » ?
Dites, madame Beûlotte, ousqu'on en serait, s'il fallait seulement se laver les pieds tous les jours. Il est bien temps de se droguer [prendre des médicaments] quand on est malade, nemme donc ?
Comment ! Il y a une toilette dans la chambre ? Bien sûr qu'il y a une toilette, et avec une belle garniture en faïence à fleur encore, le pot-de-chambre pareil, et tout, et tout, mais ce n'est pas pour s'en servir de la toilette-là, c'est pour la parade. Pensez, elle n'a pas une écaille. Il n'y a que monseigneur l'évêque qui s'en est servi une fois, quand il est venu pour la Confirmation.
« Si jamais te te maries, te seras bien contente de la trouver pour ta nuit de noce, la toilette-là.
En attendant, te feras comme nous, te viendras te débarbouiller à la cuisine, sur la pierre à eau [évier] ».
Et puis, je te le dis encore une fois : si l'hôtel n'est pas à ta convenance, ma pauvre garce [fille], te n'as qu'à prendre tes cliques et tes claques,

et à aller retrouver ton mossieu dans ton nouveau village, te sais celui que te chantes si bien : (elle chante) « Ah ! Qu'il était beau, mon village, mon Paris, mon cher Paris » ! (G. Chepfer).

Pauv'Mam'zelle Célénie

Pendant que j'étais chez not'Vévette, qui va maintenant tout bien, tout bien, Mam'zelle Célénie est bin morte. C'était une mout bonne personne, allez, et qui en a rendu des services à tout chacun. Elle avait dépassé les quatre-vingts, la pauv'sainte fille.
« La Célénie de m'sieu le Curé », comme on l'appelait, n'était pas née native de chez nous ; elle avait été la servante de not'défunt curé, d'il y a longtemps. Elle a soigné le pauv'cher homme avec bin du devoûmint ; pace qu'en dernier, il était devenu tout nisse [grincheux]. Not'pauve curé Bracot, c'est lui qui m'a fait faire mes premières communiuns et pis i nous a enco mariés.
Mam'zelle Célénie tenait les corduns de la bourse, pace que son maître ne s'aurait rien laissé. Le premier manigant [quémandeur] qui li demandait la charité était sûr d'avoir quéque chose. I se harpouillaient [se disputer] bin quéquefois tous les deux ; mais m'sieu le Curé comprenait quand même que sa Célénie avait raisun. C'était une femme de tout bon conseil et qui savait tourtout ce qui se passait au villache ; mais elle ne disait jamais rien de la cure.
Tous les jours, elle venait chez nos gens [parents] chercher son lait et, tous les vendredis, son beurre et ses œufs. Défunt maman disait que c'était la pus sainte femme du pays.
Une fois (oh ! y a mout longtemps, allez) i li est arrivé la saprée aventure. Je m'en rappelle quasiment comme si c'était hier. Monseigneur faisait sa tournée épiscopale ; même qu'on a confirmé [faire la confirmation], la fois-là, dans not'paroisse. Jamais de la vie, on n'a vu quéque chose d'aussi beau. Tout chacun avait porté ses pots de fleurs à l'église ; Mam'zelle Trou avait prêté ses pus beaux fauteuils et le maître d'école, qui avait sa deuxième qui confirmait, avait prêté le tapis de leur belle chambre. Les hommes avaient été couper des « mais » [branchages que l'on va couper dans les bois] au bois. Après les vêpres, Monseigneur s'a promené tout bé bellement dans le villache ; même qu'il a causé une miette avé papa et maman qui se rengorgeaient su le pas de not' porte, comme vous pouvez bin penser. Faut

vous dire que défunt papa était du conseil de Fabrique. Monseigneur a soupé et couché à la maison
de cure.
Le lendemain matin, il a parti avé m'sieu le Curé.
Su l'coup de neuf heures, v'là Mam'zelle Célénie qui arrive chez nous, les sangs retournés :
« - Ma pauv'Hortense, qu'elle dit comme ça à maman, v'là le pus grand malheur de ma vie qui vient de m'arriver ; et m'sieu le Curé qui ne rentrera que le soir !
J'avais tout remis en place, dans la chambre de Monseigneur, j'ai replié ses draps que j'ai arrangés dans le haut de not'ormoire, pace qu'on ne les lavera pus jamais, c'est comme des reliques. Mais v'là que je m'avise de regarder dans la table de nuit et, au respect que je vous dois, j'ai vu quéque chose dans le vase. Dites, Hortense, à ma place, qu'est-ce que vous feriez des saintes urines de Monseigneur ?... » (L. Florentin).

Qu'est-ce que nous pourrions bien faire du Mimile

Une paysanne parle :
« - Bonjour, Monsieur le Curé. Comment, c'est vous qui venez ouvrir ! Vous n'avez donc toujours pas de bonne, pas de bâbette [servante] ? Oye, oye, oye ! Vous n'en trouverez pas, allez. Personne ne veut plus servir à c't'heure [maintenant], on est tous trop riches. Pensez ! (riant et se moquant) oh ! quel malheur !
Nous ne vous dérangerons pas longtemps, M. le Curé. Entre donc, Mimile, essuie tes pieds, et ne fais pas l'imbécile.
Heureusement que vous avez votre sœur avec vous. Comment c'qu'elle va donc, Mademoiselle Léocadie ?... Tout à la douce, comme les marchands de cerises. Pensez ! c'est nonante [quatre-vingt dix] ans qu'elle va avoir au printemps, n'est-ce-pas ? à l'âge-là, on n'est plus guère bon qu'à se chauffer les rognons au coin du feu.
Mais non, n'entrons pas à la salle à manger, sur vos parquets cirés, allons où c'qu'il fait bon chaud, à la cuisine, c'est bien assez beau pour nous.
Je vas vous dire ce qui nous amène : je viens vous demander ce que nous pourrions bien faire du gamin-là.
Retire donc ta casquette, et ne prends pas ton air tôgnâ [sournois]. Regarde M. le Curé dans le blanc des yeux... Il n'est pas grand pour son

âge, nemme [n'est-ce pas] donc ? On ne lui donnerait jamais treize ans, mais il en a bien vingt-cinq pour la malice...
Allons, lève ton museau, peut [vilain] enfant. Heureusement que M. le Curé te connaît comme s'il t'avait fait, parce qu'il se dirait comme ça : « qu'est-ce que c'est du petit ostrogoth-là ? »
Nous sommes bien embêtés avec lui, allez, M. le Curé. Comme on dit : bon à tout et propre à rien. Il faut encore que ce soit moi qui me charge de lui dénicher une place. Vous savez bien comment c'qu'est mon homme, pas méchant, non ! mais toujours aussi laye me j'te layerai [laisse-moi, je te laisserai], une cinquième roue à un carosse, un zéro en chiffre, quoi ! Ah ! si je n'avais pas été là pour faire bouillir la marmite, il y a longtemps que nous serions réduits à la mendicité.
Mimile, laisse donc tes boutons tranquilles, il faut tout le temps qu'il les arrache. Oh ! le nice [contrariant, ennuyeux] personnage - Te seras beau, va, avec des marques plein la figure, t'auras l'air d'une vraie passotte [écumoire, passette]. Il me fera venir vieille avant mon temps, ainsi, je ne sais pas ce que je donnerais pour en être débarrassée ; il m'a fait plus de mal à lui tout seul que les quatre autres ensemble : craqueur, amuseur, chapardeur, est-ce que je sais, moi ! Je me demande d'après qui qu'il retire [à qui il ressemble, de qui il tient] de chez nous, il a tous les défauts !
Heureusement que les autres me donnent du contentement, je les ai tous bien placés, là ! oh ! oui. Le Victor est chauffeur d'auto chez le directeur de l'usine, un vrai coq-en-pâte, bien considéré, costumé et tout. Notre Marie est chère sœur, n'y a plus de bile à se faire pour elle. Comme vous, M. le Curé, sa soupe est prête pour le restant de ses jours. L'Alfred est employé au chemin de fer, il aura une retraite, le veinard, et la Lisa toujours femme de chambre à Paris, chez sa grande actrice. Si seulement celui-ci prenait le même chemin, mais il ne pense qu'à rigoler et à faire les quatre cents coups.
Oh ! si je ne me retenais pas, il y a de fois que je le pilerais, ainsi !
Laisse donc le chat-là par terre, il ne peut pas voir une bête sans la faire enrager. Je voudrais qu'il te saute à la figure, tiens ; te seras bien avancé, nemme [n'est-ce pas] ? quand t'auras un œil crevé.
Mais qu'est-ce que j'ai donc fait au bon Dieu pour avoir un brigand comme ça. Ah ! c'était bien la peine de se saigner des quatre veines pour qu'il puisse aller à l'école jusqu'à son certificat d'études. A quoi que ça lui servira, puisqu'il ne peut rester nulle part.
Qu'est-ce que nous pourrions donc bien faire d'un mandrin pareil ! S'il avait voulu être plus raisonnable, M. Bougredot, l'épicier en gros qui vient à la pêche le dimanche, l'aurait pris avec lui, et il serait devenu compteur, non,

comptable, caissier, banquetier, est-ce qu'on sait ? Mais il ne pensait qu'à faire des niches avec des pareils que lui, au pauvre Monsieur-là, quand il était au bord de l'eau. Vous n'avez pas idée de leur bacchanale pour faire ensauver [se sauver] le poisson, et quand ils se baignaient, ils étaient pourtant arrivés à lui accrocher une vieille savate ou une autre cochonnerie à son hameçon. Ma fi [ma foi], ça a tout gâté !
J'ai bien essayé de lui mettre un métier dans les mains, mais allez-y voir, il ne peut rester chez personne que je vous dis. Tenez, le père Blancat, le plâtrier, me l'a renvoyé au bout de quatre jours. Il a commencé par tremper le chien dans un baquet de plâtre, la pauvre bête était toute raide, comme une estatue de votre église. Une autre fois, il a crevé les pneus de la moto du commis et il a démantibulé la bécane du patron, pensez voir ! Chez le maréchal-ferrant, le Doguinet, ça a été kif-kif : au lieu de souffler sur la forge pour la faire brûler, il trissait de l'eau [faisait un jet] dessus avec sa bouche pour la faire éteindre à chaque instant. Vous pensez bien qu'il n'a pas mangé un sac de sel, là non plus. Alors je l'ai mis chez le menuisier, et vous savez si c'est des bonnes gens, les Cossirut, l'homme comme la femme. Eh bien ! il les aurait rendus fous à lier. Il passait son temps à leur faire des attrapes : il plantait des épingles dans leurs chaises pour qu'ils se piquent en se mettant assis à table, sauf votre respect, du poil à gratter dans leur lit, des pétards qui pétaient quand ils ouvraient leur porte, des boules puantes un peu partout, puisque je vous dis, il n'a que des mauvaises avisions [idées].
Non, mais qu'est-ce que nous pourrions bien faire d'un mandrin comme ça !
Par exemple, pour raconter des fiauves [histoires, contes, fables], chanter des chansons ou jouer de l'accordéon, Monsieur est toujours prêt ! Un vrai porichinelle. Un de ces jours on le verra dans un circle, pour faire la parade. Te ne nous feras pas le déshonneur-là, voyons. Baladin ! Saltimbanque ! Faut être plus sérieux que ça, on n'est pas venu au monde pour s'amuser, nemme donc, M. le Curé ? Ah ! pour sûr que non ! oye, oye, oye !
Et vous ne savez pas encore tout, mon pauvre Monsieur ; vous vous rappelez bien quand le petit bois du Blanc Goulot a flambé, hein ? Eh bien !, c'était pourtant mon gaillard avec deux ou trois gardeurs de vaches de son espèce, qui avaient mis le feu en fumant des cigarettes qu'ils fabriquaient avec de la mauvaise herbe, de la vraie poison. Mais le bon Dieu les a punis, c'est bien fait. Ils ont eu des coliques jamais de la vie ! Pendant trois jours et trois nuits ils ont mis cœur sur carreau ; si vous l'aviez vu, il était tout vert, oh ! vilain comme les sept péchés. Ce n'est pas encore sec derrière les oreilles et ça veut déjà faire l'homme.

C'est comme le matin que l'Angelus a sonné une heure trop tôt, on ne m'ôtera pas de l'idée que c'est encore mon chenapan qui a été tirer la cloche. Dis voir que ce n'est pas vrai, enfant de malheur ? On le prendrait la main dans le sac, qu'il soutiendrait encore mordicus qu'on en a berlificoquett [raconter des histoires] et menti tout net.

Mais qu'est-ce que nous pourrions bien faire d'un mandrin pareil ! Je paierais cher celui qui m'en débarrasserait, allez ! Je ne peux pourtant pas le mettre dans une maison de correction, nemme M. le Curé Brigand, bandit, ravachol ! Il finirait sur l'échafaud que ça ne m'étonnerait pas !... Comment que vous dites, M. le Curé ?... Je me monte le bourrichon ?... J'en raconte plus qu'il n'y en a ? Oh ! mais non, je ne suis pas beulouse [aveugle] et je n'invente rien... Quoi ? Comment-?... Vous le prendriez bien chez vous ? C'est pour vous fiche de moi bien sûr ? Non, c'est vrai !... Vous croyez que vous pourrez en venir à bout, qu'il vous écoutera ?... Vous en avez corrigé des plus enragés que lui ? Ma foi, moi je ne demande pas mieux, mais vous ne me ferez pas de reproches, je vous ai prévenu. Oh ! et puis, vous saurez peut-être mieux vous y prendre que nous. Au fond, il n'est pas si mauvais que ça, vous savez, et il n'est pas non plus aussi bête qu'il en a l'air. Au contraire c'est un malin singe.

Et puis, vous avez une auto, il s'y connaît déjà dans la mécanique comme s'il n'avait jamais fait que ça, et vous avez aussi un harmonium ; lui qui aime tant les phonos et les pianos mécaniques, il se plaira chez vous à cause de ça. T'entends, mandrin : si t'es bien sage, M. le Curé te montrera à conduire et il t'appendra aussi la musique, qu'il dit. Le roi ne sera plus ton cousin ! Il n'y a de la chance que pour la canaille, on peut dire. Oui, mais en attendant que M. le Curé retrouve une bâbette [servante], t'auras besoin de lui donner un bon coup de main. Pour le jardin et pour les bêtes, vous pouvez être tranquille, il n'est pas emprunté, mais pour balier [balayer] la maison, relaver la vaisselle, enfin pour faire toutes les olivettes [menues besognes, choses de peu d'importance] d'un ménage, passe-petit, passe-gros, faudra pas être trop exigeant pour commencer, M. le Curé.

Et pour les gâges alors, comment c'qu'on s'arrangera ? Je ne dis pas qu'il faut le payer comme vous payez une bâbette, non, mais faut tout de même être raisonnable.

Aujourd'hui on ne peut plus rien donner pour rien, n'est-ce pas ? La vie est si chère... Combien que je veux ? Oh ! je ne sais pas, moi, faites votre prix. Si je l'envoyais à l'usine, et je n'ai qu'un mot à dire pour qu'on le prenne tout de suite..., mais je n'y tiens pas... eh bien !, il gagnerait ses douze francs par jour au moins pour commencer, sans compter la vie chère, etc., etc.

Non, non, je ne blague pas. Ce n'est pas avec un M. le Curé qu'on oserait mentir, voyons !... Je ne veux pas marchander avec un saint homme comme vous, ça ne nous porterait pas chance. Non, vous êtes sans personne, avec la pauvre mademoiselle Léocadie sur les bras, on ne peut pas vous laisser comme ça.
Ça vous rend service, je ne vois que ça, moi : le Mimile restera avec vous pour dix francs par jour pour le premier mois, je suis raisonnable, vous voyez ? Toi, te seras gentil, Mimile, et propre, et bien embouché, et obéissant, et tout.
Alors, je vous le laisse... Mais non, M. le Curé !... Oh ! faites excuse, je croyais que vous vouliez me remercier, et il n'y a pas de quoi, bien sûr. Qu'est-ce que nous pouvions bien faire de mieux d'un mandrin comme ça, voyons ! Allons, à revoir, Mimile, à revoir M. le Curé. Tâchez de faire bon ménage. (G. Chepfer).

Qué bougre de langue

La Laurence Bouquin, qui a une langue comme d'ici Paris, a été à la noce de son neveu, à Nancy. L'aut'jour, au caveau [lavoir], elle nous en a raconté pendant pus de deux heures d'horloche. On la laissait dire, qu'est-ce que vous voulez.
Le neveu de la Laurence sont deux garçuns ; les père et mère avaient un bon bien ; je ne dis pas qu'i cultivaient tout su le leur, mais, ma foi, au jour d'aujourd'hui, pus qu'on cultive, pus qu'on gagne, surtout quand on a deux forts garçuns. Le plus aîné des deux n'a pas rentré chez eux, quand il a fini son temps aux tringlots, comme dit l'Arsène, i s'est mis garçun de café. La Laurence dit qu'il est bin pus heureux et qu'i gagne des mille et des cents. Je veux bin le croire, pou ce que ça me fait, c'est tout un. Le deuxième est « chemin de fer ». Ah ! il a une toute bonne place, que dit enco ma saprée [sacrée] Laurence ; le chef de gare ne voit que par lui ; sûrement qui montera encore en grade. La Phélie, qui l'a vu l'aute jour, m'a dit que c'est lui qui balaye la gare et qui lave les carreaux du train. C'est çui-là qui s'a marié.
I fallait voir la belle noce, que dit la Laurence ; il a entré dans une toute bonne maisun. Les beaux-parents tiennent un café ; çui de la Delphine n'est pas à comparaître avec. J'ai couché dans une belle chambre cirée,

avec des tapis ; les cabinets, on y mangerait la soupe, ainsi, tellement que ça reluit. Même qu'i m'a bin arrivé la drôle d'aventure avé le jeu d'eau qui est dedans. Je m'avais accroché après la chaîne qui pend, pou m'aider à me r'lever. Je vous fiche mon billet que je n'ai pas attendu la Saint-Georges pour décarrer [partir] de d'sus la lunette. V'là enco bin les rutes inventiuns qui z'ont à c't'heure. Je n'en ai pas soufflé mot, comme vous pensez bin ; mais j'ai resté mouillée toute la grande journée... (L. Florentin).

Quelle aventure !

I m'est arrivé une bin drôle d'aventure, que j'en suis encore tout apentée [retournée], ainsi. V'là-t-y pas que, samedi matin, j'épluchais tout bé ballemot not'soupe, en causant avec la Sidonie qui revenait de Paris ; on toque à not'porte : « Entrez ! » que j'dis, et la gamine du buraliste me tend un papier bleu.
- Une dépêche ! que m'dit la Sidonie ; mon Dieu, ma pauv'Mélanie, quoi qui peut bin y avoir d'arrivé dans vot'famille ? Ce n'est ni vot'Eugène, ni vot'Mélie, pisqu'ils demeurent ici...
Vous me croirez si vous voulez, je tremblais pire que not'pauvre défunt m'sieu le curé qui était si vieux. J'ouvre la dépêche ; c'était le Paulin, l'homme de la Vévette, qui voulait me téléphoner à dix heures trente-cinq.
« Ne vous dépêchez pas tant, que me dit la Sidonie, i n'est encore que trois-quarts pou 10 h.
- Oui, mais comment que je vas faire ; je ne m'ai jamais servi de cette saprée bricole-là. Si seulement l'Arsène était là ; mais il est au bois, fagoter not'portiun. Les hommes, ça sait enco toujous mieux que les femmes, ma pauv'Sidonie...
- C'est bun, qu'elle me répond, ne vous tournez pas les sangs, la femme Troinoix, qui tient la boutique, vous dira comment qu'i faut faire... »
Me v'là partie. J'ai attendu, attendu, que c'en est une miséricorde ainsi, et not'soupe qui n'était pas épluchée ! V'là tout d'un coup que ça s'met à sonner comme un vélo.
« - Entrez dans la cabine, que me dit la femme Troinoix ; prenez les deux machins-là, mettez-les à vos oreilles et pis vous causerez, comme si c'était avec moi, dans le p'tiot entonnoir. Dites allô.
- A l'eau ! que je réponds.

- C'est vous, marraine ?
- Pour le sûr que c'est moi, qui dun que vous êtes ?
- Paulin, le mari de Vévette.
- Oh ! mais oui, que je répunds, que je suis dun bête, je reconnais vot'voix. Où que vous êtes dun, que je vous entends si bien ?
- Ici ; il faudrait que vous veniez chez nous, Vévette vous réclame, elle est malade. J'irai vous chercher dans l'après-midi, en auto.
- En v'là bin une sévère, que j'répunds, et not'soupe qui n'est pas épluchée, et l'Arsène qui fagote là-bas bin loin, au quart en réserve. »
Mais j'avais beau dire, beau m'égosiller, le Paulin ne m'entendait pus, il avait foutu son camp.
Qué saprée mécanique que ce téléphone-là, de la vie ainsi ; ça n'est pas pus gros que not'moulin à café et ça vous cause comme père et mère.
J'ai été dire à not'Mélie qu'elle ait soin de son père et j'ai parti l'après-midi voir not'pauvre Vévette qui se coyait bin fichue et que ce n'était quasi rien (L. Florentin).

Si c'est Dieu possible !

Quand j'ai une minute, je prends le journal, pace que not'Vévette ne peut pas encore trop causer.
Elle est aussi gaie gaillarde qu'une bique, maintenant, et si on ne lui avait pas fait c't'opératiun-là, y a belle lurette qu'elle serait à « stourbe » [morte]. Mais l'aute saprée mâtine-là, non de la vie !
Je m'ai laissé dire qu'i y en avait qui se faisaient couper la peau de la figure pou leu-z-y enlever les rides. Moi, je sais bin que si l'Arsène ne me trouvait pus à son idée, je li dirais : « Mon vieux, te n'as qu'à tourner la tête, je t'ai assez vu, moi aussi ! ». Mais, y a pas de danger, l'Arsène m'aime bien comme je suis. Je le vois d'ici tourner et retourner par chez nous ; je suis bin sûre qu'il est grîteux après moi [il s'ennuie de moi], le pauv'cher homme. V'là tout d' même trente ans qu'on est ensemble et i se fout bin que mes mollets soyent comme ceux de la gaille [chêvre] de la Mathilde. Pas de danger que je me les fasse charcuter pou les rembourrer. Toutes ces saprées coquettes-là ont des inventiuns de l'aute monde !
N'empêche, deux cent mille francs pou une jambe. C'en est une qui vaut cher la livre, tout de même ! (L. Florentin).

Une expérience concluante

On vient de sonner pour le trépas du Pirot Lolo qui vient d'mourir chez son garçun qu'est « chemin de fer » de l'autre côté de Nancy. On dit quéque fois que ça ne vaut rien de boire ; j'vous fiche mon billet que le sapré mâtin de Pirot Lolo en a avalé pus que sa pauv' défunte ne li en a versé. Oh ! le peut [vilain] ours.

Une fois, i nous a bien fait rigoler, allez ; faut que je conte ça. C'était du temps que M'sieu Laurence était maît'd'école chez nous. Les soirs, en hiver, le pauv' cher homme nous faisait la lanterne magique, i n'était enco guère questiun de cinéma ; c'était quand même beau.

Une fois, v'là qu'on arrive tous ; on croyait qu'il allait nous montrer des vues. I nous dit comme ça : « Je vais vous parler de l'alcoolisme ». Et le v'là qu'en raconte de toutes les façuns su le mal que ça fait de boire trop de vin et trop de goutte [eau-de-vie]. I nous dit que l'absinthe ça rend comme qui dirait fou. Je te toquais l'Arsène, du coutre, pace qu'i aimait enco bin boire une « bleue », comme i disait. Le Pirot Lolo marmusait [marmonner] dans ses dents, i hochait la tête ; i racontait un tas d'ânées, que ça aurait fait mourir de rire si on n'avait pas eu peur que M'sieu Laurence nous assotte. C'était un brave homme, mais i ne fallait pas qu'on aye l'air d'en avoir deux avé lui. Moi qui avais été à l'école devant lui, y avait pas de danger que je fasse seulement cance [semblant] de rire.

Le v'là qui sort dans la cour et i revient une minute après, en portant un p'tit cochun de lait dans ses bras. On se demandait bin qu'est-ce qu'il allait faire. « Mesdames, Messieurs, qui dit, pour vous montrer que l'alcool est un poison, je vas vous faire une expérience. Si après ça vous ne me croyez pas, c'est que vous y mettrez de la mauvaise volonté. »

Le Jules du Narcisse, ouvre la gueule au p'tit cochun et M'sieu Laurence li verse un grand verre de goutte dans le fin fond du gorgeun. La pauv' petiote bête, si vous aviez vu comme elle faisait ; elle était tournisse ; elle tenait pus su ses pattes, même qu'elle n'avait pus la force de faire : gnouf, gnouf ! et pis tout d'un coup, patatraque, la v'là qui tombe mort-z'ive [ivre-mort] ; elle a eu un ranglot [râle] et pis ça été fini.

M'sieu Laurence était content, i coyait du coup que tout chacun allait casser les bouteilles et les bonbonnes en rentrant.

Le Pirot Lolo se lève et i dit : « Pardon, excuse, M'sieur Laurence, je vas vous dire une bonne chose : l'espérience-là, ça prouve tout bé bellement que la goutte n'est pas faite pou les cochuns !... » (L. Florentin).

Une maîtresse femme

Y a enco fallu que j'aille chez note Vévette qu'était mal fichue, mais nous en avons été quittes pou la peur ; une petite cupette [frayeur]. Quand j'ai vu de quoi qui retournait, je n'avais pus ni cesse ni arrêt pou m'en revenir chez nous ; on aurait dit que je m'doutais de quéque chose. Y a bien fallu que je couche chez la Vévette et pis que j'y passe enco le lendemain. Sans rémissiun, j'ai voulu enco revenir l'aute lendemain.
Dieu de la vie ! quand j'y repense ! Mon sapré Arsène n'était pas encore levé quand nous avons arrivé. Il avait fait la bamboche pendant que j'étais partie et avec qui, la bamboche, avec tout ce qu'y a de pus manre au pays. Le Boumboum et le Pâturin, deux manants qui ne valent pas les ramasser ; que ça ne songe qu'à la chopine et que leurs femmes ont bin du malheur d'avoir des mandrins pareils. Le Boumboum ne dessoûle pas de quate jous dans la semaine et le Pâturin a creusé une betterave pou boire à leur tonneau, quand la Sidonie le laisse aller à la cave. Qué sujets, mon Dieu dun ! « Et c'est avé de la denrée comme ça que te passes ton temps quand je ne suis pas là ? que j'ai dit à l'Arsène ; t'as ma foi bonne mine ». Il n'a pas répondu pace qu'i sait bin qu'i n'a pas raisun. L'Arsène n'est pas un mauvais homme, mais ça n'a pas de discernement, voyez-vous bien. Quand il a la bride lâchée su le cou, ça ne sait pus se conduire. I n'y avait pas quinze jours que nous étions mariés qu'il allait chopiner, comme ça, à doite et à gauche ; une goutte [eau-de-vie] par ci, un godot [verre] par là. « Oh ! mais, que je li ai dit, i ne s'agit pas de tout ca, mon garçun. Je m'ai marié avec un homme, mais je n'ai pas pris un sac à vin. Si c'est pou continuer, te repartiras chez vous et moi chez nous ! ». J'li ai fait la grogne pendant huit jours et huit nuits. Ça l'a corrigé. Quand not'Mélie a été pou se marier, je li ai dit ce que je faisais. Pas besoin de se fâcher, ni de crier, on tourne le dos et ça fait pus d'effet que n'importe quoi. Quand j'allais des fois rechercher l'Arsène à l'auberge et que les autres li disaient : « Encore un verre ? Nenni qu'i repondait j'aurais la soupe à la grogne et le peut [vilain] côté ». Et y s'en revenait tout de suite.
V'là cinq jours que je ne li ai pas causé et le soir, je me retourne du côté du mur. Les hommes, c'est enco comme les bourriques, c'est pas en tapant dessus, comme la Sidonie, qu'on en fait ce qu'on veut ; le meilleur moyen, c'est de leur faire voir qu'on peut se passer d'eux (L. Florentin).

Une poudre « miracle »

Monsieur le curé de Cloieville s'en venait à vélo pour l'office du soir dans une de ses annexes située au plus profond d'un véritable « trou ». En retard, le saint homme laissait s'emballer son cycle de toute la vitesse de ses deux roues. Au moment de freiner, malheur, ne voilà-t-il pas que les deux freins, d'un seul coup, en même temps, lâchent : « Ecartez-vous, écartez-vous, criait-il aux paroissiens éberlués de voir leur curé jouer la finale du Tour de France, écartez-vous, je n'ai plus de freins ». Une gamine s'était précipitée sur l'évier de la cuisine, et bondissant elle avait « aspergé » la chaussée d'une ligne transversale d'une poudre blanchâtre. Oh ! Miracle, à peine la roue avant avait-elle frôlé le saupoudrage blanc que le vélo s'arrêta net :
« - Comment avez-vous fait, mon enfant, murmura le prêtre, livide ?
- Rien, monsieur le curé, ce n'était pas difficile, j'ai répandu sur le sol une traînée de poudre à récurer. »

Une qui a fait son chemin

Je ne vous ai pas enco parlé de la Lucienne :
« - L'est à son compte, là, à c't'heure, que dit la foutue bête de mère. L'est toute riche, not'Lucienne. D'abord, elle a changé de num, à Paris, on ne l'appelle que Zizi. On peut demander n'importe où après Madame Zizi, tout chacun vous répondra qu'on la connaît ; dans la haute, comme de bin entendu. C'est elle qui nous l'a écrit. C'est une bonne fille, allez, que not'Lucienne ; elle ne nous laisse manquer de rien ; faut voir tout ce qu'elle nous envoie. Elle viendra bientôt... »
Elle est venue, la garce. Qué étalache ! si c'est permis. Quand je vous dis qu'i n'y a que celles-là qui réussissent.
Le lendemain, la mère courait haut et bas pou trouver une baignoire. Vous devez bin penser qu'elle n'en a pas trouvé, Dans not' pays, personne ne se baigne, c'est bun pour toutes ces gourgandines-là. L'Andronique avait bin installé un cuveau à couler la lessive, mais la drôlesse n'en a point voulu. Comme elle a l'argent mignun, elle a fait revenir une baignoire en émail de Commercy. Je vous demande un peu ! Comme elle a refichu son camp, au bout de huit jours, pace qu'on ne la regardait pas pus qu'une rien-du-tout

qu'elle est, leurs gens [parents] se demandent bin ce qu'ils feront de la baignoire :
« - Ça servira moult bin pou mettre notre plante [semences] de pommes de terre, qu'a dit l'Andronique.
- On pourra encore y saler not'cochun ; not'baignotte [cuve à ébouillanter le porc] est toute désoclée [n'est plus étanche ; abîmée] et ça nous coûterait les yeux de la tête pou la faire refaire, qu'a répondu la mère. Nous avons quand même de la chance d'avoir une petite gâce [fille, féminin de garçon, "garce"] comme ça. Que le Bon Dieu fasse qu'elle garde sa place ! » (L. Florentin).

V'diro ca qu'ça meu !

Mosseur Curé avait été appelé chez le père Dâbô pour lui graisser les bottes [donner l'extrême-onction] ; le pauvre homme avait une pneumonie, et son dernier moment était venu.
Mosseur Curé se met devant le lit du père Dâbô. Il prend un chandelier dans une main, et dans l'autre un petit crucifix. Et puis, il approche le chandelier et le petit crucifix du père Dâbô qu'était en train d'avaler sa langue :
« C'est vous qu'avez crucifié le Bon Dieu !
C'est vous qui l'avez couronné d'épines !
C'est vous qui l'avez flagellé ! »
Mon pauvre père Dâbô écarquillait des yeux épouvantés à Mosseur Curé ; il ne se doutait pas qu'il était un si grand criminel.
Mosseur Curé qu'avait de la prise [tabac à priser] dans l'œil met son crucifix et son chandelier dans la même main pendant qu'il se frottait l'œil.
Il approche encore une fois le chandelier et le crucifix du mourant :
« C'est vous qui l'avez fait descendre aux enfers ! »
Alors, mon père Dâbô, voyant que la chandelle était en train de brûler le petit crucifix, se met à dire :
« Brûlez lui encore le nombril, Mosseur Curé, et vous direz que c'est moi ! » (*Les Contes de Fraimbois*).

Pages suivantes, dessin de Clément Kieffer.
- Et comment est-ce que c'est avec les messes, Mossieur le Curé...
La Joséphine m'a dit qu'elles étaient raugmentées ?
- Mais... t'as bien raugmenté ton lait... toi, Fanchette...

ET COMMENT C'QUE Ç'AT ÈVÀ LES MASSES MO
R'AUGMENTAYES?. ———— . MAS..... T'É

L'CURÉ ..... LÈ JOSÉPHINE M'EU DIT QU'L'ATÏNT
R'AUGMENTEU T'LACÉ ... TÉ FANCHÈTE ...

V'la bin les saprées modes !

V'là bin les saprées modes ! mais c'est toujou pire, ainsi. Par ma foi, je cois [croire] bin, les femmes sont folles. Robe de soirée, que je lis ; je me présume que cette robe-là c'est pou aller dans leurs bals à grand tralala, comme qui dirait dans le grand monde. Bin, ma belle, faut bin ête enragée des quate pattes pou mettre quéque chose de pareil. Ça doit même ête un péché. De la vie et des jours, ainsi ! le corsache, c'est comme qui dirait deux bretelles qui vont un peu en s'élargissant pou arriver su les hanches. On leu-z-y voit toute la raie du dos, et devant dun ! mais c'est une imposture, ainsi. Je m'demande bin qu'est-ce que ca doit ête que la chemise ; comme chez les sauvaches, allez, un chiffun autour des reins. Si je m' voyais jamais avec quéque chose de pareil, moi qui a toujou eu une forte poitrine ! que je casse tout le temps mes baleines de corset, quand je me rechange. Ah ! elles doivent avoir chaud avé ça ; pas sans cause que c'est tout « blâvisse » et que ca tombe en faiblesse pou rien (L. Florentin).

Auteurs cités

Illustrations

TABLE DES MATIÈRES

Crédit photographique
Temple Neuf de Metz
Pecold/Shutterstock.com/via Losange

Achevé d'imprimer par Dimograf en février 2015
Dépôt légal : février 2015